翎子的诗·门

翎 子 著

长江出版传媒　长江文艺出版社

目　录

谈女诗人的都市女性写作

——兼论《翎子的诗·门》

刘川鄂

　　这本即将付梓出版的《翎子的诗·门》在很大程度上凸显了当代都市知识女性的开阔视野、审美意识和个人情趣。翎子是一位出身于现代都市的知识女性，注重格式感与韵律美，在修辞与隐喻上更加突出了意象的绘画性与诗意传达的多变性。以翎子的诗作《门》为例：

　　　　盘根错节的是
　　　　从地底的空洞里
　　　　绽开的一朵
　　　　禁忌之花

　　　　封存的记忆
　　　　层层叠叠
　　　　如待开启的神秘洞穴
　　　　一扇一扇向着云端敞开

紧闭又沉默的嘴唇
幽谧又深邃的眼神
一个通往时光的入口
似幻似真的致命诱惑

每一道门的背后
总有关不住的陈年往事
像一幅发黄的老照片
隐没了多少如烟的誓言
包裹着几许真切的岁月

　　诗作分节后出现建筑的形式美，诗句的末句
并非是传统诗歌简单的词尾押韵，而是通过诗句
中词语的音步自成韵律，朗朗上口又不失内在音
律的节奏美。这首诗翎子写于柬埔寨暹粒吴哥窟
遗址，她在满目疮痍的崩必烈感受到大自然强烈
的生命力，由吴哥窟宫殿遗址中残破的门，联想
到门的哲学内涵和隐喻义。这样就极大地丰富了
诗作的主题意蕴和内在层次性，将一个日常生活
中不足为奇的事物"门"，赋予了符号的象征义。
翎子将这首诗作作为整部诗集的题目，想必也和
"门"具有的丰富内涵和无限的可能性有关，走
入翎子的诗歌世界，就仿佛从一扇门走入另一个
远离尘嚣的唯美世界。

这本诗集大致可分为五个部分。

1. 对美好爱情的动情赞美

爱情引发诗人对人生、存在、世界、真理，乃至死亡等一系列形而上命题的追问与探究。情诗在这本诗集中，占了绝大多数的篇幅。比较突出和巧合的是诗人习惯于将爱情与大自然的物候之间做出诗意的联结与象征，比如《记得那一夜的大雨》中将酣畅淋漓的爱恋"舌尖好甜"与"大雨如注""蓝色的雨滴""团簇的花朵""一只瓢虫""雨后的青苔"相联系。诗人往往将爱情中或甜美，或恣肆，或幻灭的滋味与自然中"滂沱的大雨""噬咬着大树耳语的一只瓢虫""纤长脆弱的芦苇""洁白的雪花"等象征物相连接。这里尤其想解读一下《阳光蛰伏的青苔》和《木叶的私语》两首诗。两首诗作都运用了大量的象征和隐喻，但相比而言《木叶的私语》显得更加晦涩。

前一首运用了一组象征物"阳光蛰伏的青苔"与"阴冷孤寂的岩石"，两者形成了鲜明的对比，"青苔"象征了甘于奉献、忠贞不渝的爱人，"岩石"象征了虽饱经沧桑却无动于衷的人。将自然物中遭人轻视的"青苔"与现实世界中默默付出不计回报的理想人物合二为一，整首诗无论意象的繁复性还是主题的完整性都不失为一篇佳作！

《木叶的私语》就更具有现代诗歌中象征意象的多义性特点，值得反复玩味。诗中出现的一个父亲般的男性形象尤为突出。他阅历丰富，所以"像一个老渔翁手持烟斗"；但这个男性形象又不只是"亲切善良""像个真正的父亲／从不撒谎"，而且是能"明目张胆地放浪"的爱人的形象。这种多义和隐晦构成并照应了题目中的"私语"，颇具想象力。

值得一提的是，翎子的诗作中的语言并非仅仅是含蓄内敛的，有时候也会有喷薄而出的直抒胸臆之作。比如《我愿以这样的方式想你》中将"无数可爱的小蝌蚪／一涌而出"比拟爱人的吸引力"异乎常人"，足以观照对方的心灵。诗中"无数可爱的小蝌蚪／一涌而出／冲刷着我心脏的屏幕"又出现了两个意象，一个是"小蝌蚪"，另一个是"心脏的屏幕"。一般来说，心脏如何会有屏幕？正是借助了"心有灵犀一点通"的典故，将"小蝌蚪"视作对方心灵的讯号，观照在彼此的心灵，这就一下拉近了心灵的距离。诗中又陆续出现了四个意象"漩涡""泉眼""眼睛""云"，前三个意象其实都是对"眼睛"这个意象的反复强调，多重意象反复赞叹歌咏，体现出一种爱意的深切和炽热。这也就是典型的女性视角。不仅是因为这里用了第三人称"他",而且"小蝌蚪"贯穿四节诗中,既有传递爱的讯号的意象,又具有生命之初勃发的性吸引力的隐喻。事实上,真正的爱情正是具有灵肉合一的特征的。这也是翎子的诗具有都市女性视角的写作特征的表现。全诗最富有想象力的是诗的最后一节,"一丛丛的小蝌蚪聚拢 / 散作了一朵大大的太阳花 / 发出耀眼的光芒 / 映照着我彤云似的脸颊"。这里将黑色的小蝌蚪与太阳花(向日葵)中黑色的葵花籽联系起来,又将向日葵与太阳形成新的联系,再将阳光灿烂下的花朵与红彤彤的脸颊联系,形成了一系列富于动态的意象,表达出一种对爱情、对人生的积极向往,升华了诗的主题。不同于大多写思念的诗歌极富悲伤,愁肠悱恻,这一首情诗写得昂扬向上,又活泼明朗,在格调上就有了刘禹锡诗中"我言秋日胜春朝"的意境!

2. 对母爱、亲情的歌颂感念

对亲情、母爱的赞颂在现代诗坛的诗作中屡见不鲜,尤以冰心的《纸船——致母亲》最为著名。无独有偶,翎子在诗作中也有类似的一首抒写母爱的长诗《致母亲——母亲,是我的致命武器》。

与其他抒写母爱的诗歌不同的是，诗中融入了一些为人所熟知的生活场景外，还运用了一些接地气的生活化、口语化的表达，这不同于一般人印象中的诗化唯美的语言，反而有与众不同的表达效果。不同于其他文学作品中较为普遍地歌颂慈母温柔母性的光辉，这首诗将一个独立有个性、对生活不妥协的女性形象，描述出了有些武汉地方特色的性格特征。可以说，这首诗中的母亲就是汉味都市女性的代表，她们美丽干练，泼辣果敢，个性独立，坚韧好强，不矫饰，不做作，对儿女的爱意付诸行动，却是疼在心里，而在语言上得理不饶人！从这个意义上说，这首诗所塑造的是一个全新的母性形象，在以往的诗作中算得上是有所突破！

除此之外，翎子《你是我四月的幸运草》《思念的味道》《给老父亲的一首诗》《手艺》《铭记》《家》《阳台》等诗都写出了对亲情的细腻深入的体会。其中，《给父亲的一封信》显得尤为耐读。诗作的开头就用了"落日与孤烟"和"爬满一壁的常春藤"两个意象，写出了父亲的老迈和沧桑；在第三节诗中又用了"残烛流泪"与"秋茄挂霜"两个意象来强调父亲的"老"，又与后面的"脾气一如既往地硬朗"形成对照，用自然景物突出了一个坚韧又不服老的父亲形象。尽管在每一节诗中都写到了父亲的"老"，但偏偏能从字里行间读出诗人对父亲的理解、疼惜和深情，令人动容！

3. 对自然美景的尽情抒写

翎子的诗作既有古典诗歌的意趣，又具有现代诗歌的抒情性，尤其是她抒写自然的诗作，其创作主体的意图是通过富有个性而灵动的语言表达出的，显示了诗人开阔的视野和丰富的生活阅历。《流浪的花朵》《记忆中的雾渡河》《秋天荒凉地躺着》《涨渡湖的倒影》《回首，瘦了一季鹅黄》《忍野八海的水草》等描写自然山水的诗作是她诗作的另一个重要的部分。以她的诗作《吴哥窟组诗》和《东南亚的月亮》为例，丰富的语汇极富有画面感，让人有身临其境的感受。

《吴哥窟组诗》将暹粒吴哥窟的异国情调通过"椰香的热风""不夜的灯盏""俾诗奴神殿""巴芳寺岩壁""酥油灯火""龛影重叠的佛塔"等一系列的意象，将吴哥窟古文明的异国风俗呈现在朴素的诗句中，平实中蕴涵意境无限。而在她的另一首诗作中，则体现出异国都市海边风景的浪漫与诗意，也同样富有人间烟火气。

"月亮"意象频繁地出现在翎子的诗作中，

《我爱初秋这样的傍晚》中"头顶上白晃晃的探照灯"，《别离》中"或明或暗的月光""在月光倾城的夜晚／奔向你的怀中／一片蓝色的汪洋"，《海韵》中"一碧月华／如水般清冽的光晕"，《白马与红月亮》中"红色的满月是山雨欲来／不祥的讯号"，以及《红月亮》中"一只红色的眼睛""圆黑的魅影""白雪覆盖的坑洞"……然而，笔者以为以上这些对月亮意象的描述，都不及这首《东南亚的月亮》中最末一句来得传神。将高悬的月亮比作手势："椭圆形的手势像泪滴凸起／显得格外苍凉"，写出了人在异乡的孤寂，或是一种人在自然面前的孤立无助之感。让人不禁联想起当年张爱玲在孤岛上创作《金锁记》中开头的神来之笔——"年轻的人想着三十年前的月亮该是铜钱大的一个红黄的湿晕，像朵云轩信笺上落了一滴泪珠，陈旧而迷糊。老年人回忆中的三十年前的月亮是欢愉的，比眼前的月亮大、圆、白；然而隔着三十年的辛苦路往回看，再好的月色也不免带着点凄凉。"

4. 对社会世情的温情关注

翎子作为都市的女诗人，她的诗作有别于其他人之处在于，她不仅有着浪漫主义的细腻情感，同样对社会世情也有一定的关注和悲天悯人的情怀。以她的诗作《今夜，我想起山村的风》和《星空下的街市》为例，写出了对社会弱势群体和世情民风的关切体恤之情。

《今夜，我想起山村的风》写于2017年四川九寨沟7.0级大地震之后，诗人显然内心受到了震撼和触动，将心中无处释放的悲凉放在诗作之中，读罢令人抚几叹惋；无独有偶，另外还有一首《星空下的街市》同样写出了对普通人生活的艰辛不易表示的关切之情。像这样的诗作还有《一束花》《小愿望》《暖水瓶》《漫步云间的造梦人》《江城闲人》《微尘》《被时光照亮的陌生人》……无不饱含着对平凡生活中温情瞬间的观察和捕捉。其中《暖水瓶》这首诗比较有代表性，用暖水瓶外冷内热的特征，借喻平凡小人物对生活依然饱含暖意保有热情，这些普通人不求回报的善举是一种值得推崇的人生信念和普世价值。

这些略具暖意的诗作呈现出了作者对于生活的思考，有悲悯，有同情，也有无奈的感慨。又比如这首《雨夜·孤影》透过停电后孩子在雨夜的路灯下奋笔写字的情景，传达出对于理想与现实的思考。

5. 对人生困境的反思与喟叹

　　翎子的诗作题材是较为宽泛的，正如书名《门》，是带有哲学象征和隐喻意义的。因此区别于其他仅限于写个人情感的诗人，她的诗作呈现出对现实生活的反思与自省，这也是她诗作的又一亮点。比较突出的是《我愿触摸自由的天空》和《我喜欢不自量力地与许多事物为敌》，用第一人称直抒胸臆的方式表达了对世界和人生的态度。

　　　　我喜欢不自量力地与许多事物为敌
　　　　像愚痴的精卫衔石填海
　　　　劳而无功，不知悔改

　　　　我喜欢不自量力地与许多事物为敌
　　　　像飞蛾扑火
　　　　将真性真心付之一炬
　　　　换得灰飞烟灭也在所不惜

　　　　我喜欢不自量力地与许多事物为敌
　　　　如西绪福斯不断推动着
　　　　一块命中注定的顽石
　　　　拼尽全力，周而复始

从不低头看一眼脚下
泥泞的土地为何崎岖不平

我喜欢不自量力地与许多事物为敌
习惯不计后果地扯下
那些试图掩盖真相的新衣
又妄图揭穿一些人生灰暗的底色
暴露真实刺痛的骨感

我是一个如此不合时宜的骚人
在穷与达之间的轨迹直道横行
不在乎命运之轮天盘的圆满
只是将头顶白云青天的使命
默默铭记

我喜欢不自量力地与许多事物为敌
在白云苍狗之隙
向往远方
风车转动的声音
——《我喜欢不自量力地与许多事物为敌》

作者在诗作中大胆直接地将自己定位为"一个如此不合时宜的骚人""妄图揭穿一些人生灰暗的底色／暴露真实刺痛的骨感","在穷与达之间的轨道"像西绪福斯一般"拼尽全力，周而复始"，写出了在城市夹缝中生活的艰难，和对自我信念的坚守。

与此同时，翎子的诗作中也出现了一些对人生困境的冷静反思。如《夜话》《一个人失眠》《遗失的距离》《抵抗》和《失语者》，都不同程度地反映了对城市快节奏生活带来压抑紧张的都市综合征的思索挣扎与内心的拷问。

总的来说，《翎子的诗·门》这本诗集体现出了翎子纯正的文学品位，以及对都市生活方方面面的思考和个人追求。这样一本内容丰富品位不俗的诗集，显现了女诗人对于都市生活脉搏的把握和作为一名知识女性对于诗意生活的追求。这种久违的"乐而不淫，哀而不伤"的诗风，在众多过度充斥个人情感宣泄的诗作当中，尤其显得精致、雅气。

2018.6.24

如何写汉语的"现代诗"

——读翎子的诗有感

荣光启

　　我第一次见到翎子的时候，就印象深刻。我觉得她很有涵养，但又不是一些中产阶级女性所有的那种矜持。虽然是第一次见面，在场还有其他人，她没有藏着掖着，坦言她颇为骄傲的师承，坦言自己对于国学和古典诗词的热爱。我渐渐觉得她是一个很阳光的女性，心地比较澄澈，也渐渐发现她骨子里有一种生活的热情。她的那些诗情画意是真实的，不是外在的附庸风雅，而是来自里面的一种精神迸发，就像她一首诗所写的：

　　　　我喜欢不自量力地与许多事物为敌
　　　　像愚痴的精卫衔石填海
　　　　劳而无功，不知悔改

　　　　我喜欢不自量力地与许多事物为敌
　　　　像飞蛾扑火
　　　　将真性真心付之一炬

换得灰飞烟灭也在所不惜

我喜欢不自量力地与许多事物为敌
如西绪福斯不断推动着
一块命中注定的顽石
拼尽全力，周而复始
从不低头看一眼脚下
泥泞的土地为何崎岖不平

我喜欢不自量力地与许多事物为敌
习惯不计后果地扯下
那些试图掩盖真相的新衣
又妄图揭穿一些人生灰暗的底色
暴露真实刺痛的骨感

我是一个如此不合时宜的骚人
在穷与达之间的轨迹直道横行
不在乎命运之轮天盘的圆满
只是将头顶白云青天的使命
默默铭记

我喜欢不自量力地与许多事物为敌
在白云苍狗之隙
向往远方

风车转动的声音

——《我喜欢不自量力地与许多事物为敌》

这种"不自量力地与许多事物为敌"的精神，是可贵的，表明她对现实生活的某种不满，她有一种追求，有一种反抗与创造的热情，她企求有更好的世界。这种心灵的渴望最终借着诗歌写作呈现出来，也在诗歌写作中得到了慰藉。

翎子说她自己："我是从2015年才拿起笔重新写诗的，因为那一年家里发生了一些变故，让我意识到生命中最可贵的亲情、友情、爱情的无价难寻。于是我心中的诗情被唤醒了，自然而然地拿起了闲置多年的笔！在这一年半载，我的灵魂仿佛被点燃了，笔端的诗句源源不断地倾泻而出，我感觉找到了自己的另一半，找到了寻觅已久的灵魂！在写诗的过程中，我真正享受到了身心的愉悦……"虽然写诗的时间并不长，但她的作品已经不少，她对自我与世界的感觉和想象非常充沛，总在期待用美好的诗句来将之表达出来。她渴望诗歌成为她的情感的出口。

我有一个远方的恋人
他让我受了很重的情伤
也许他并不真正地爱我

也许他在和旁的女人携手徜徉

我有一个远方的恋人
曾经的山盟海誓
亦如海上消逝的浪花
他热恋我时的眼波
曾经像春日梦寐的阳光

我有一个远方的恋人
我一如往昔地对他深深地眷恋
可如今他早把我的爱掩埋遗忘
只留下海滩上浅浅的痕迹
是我们曾经去过的地方
　　——《我有一个远方的恋人》

　　翎子有很多抒情诗，题材涉及亲情、爱情、自然山水等等，我的整体感觉是：她写的诗基本上是一种浪漫主义式的表达，倾向于情感的真实流露，追求言辞上的优美和意境上的某种美感。可以说，在情感的率真上，翎子做得非常不错，比如这一首《伴侣》："相见也好／不见也好／爱人／你是我的挚爱／天地寥廓／独你是那个唯一的／心灵存在／／我是如此依附于你／就像对地母的匍匐崇拜／噬舔你的骨髓／眷恋你的胸怀／

当世界只浓缩成一片梦幻的海滩／星月当空／你中有我／痛快交织／浴火涅槃／／逆流激流／乾清海阔／风筝与风／海豚与海／怎离得开你的存在／云中没有你的影子／溪水没有爱的涌泉／归途视如流放／我形同虚度／／滴水成冰／时光不老／我一直在等待／你的归来"。

　　但是，我同时也非常不满足，因为诗歌不是个人的日记，要靠情感真挚取胜，诗歌的美有公共性，在读者那里，它不能让人觉得不适应。在翎子的抒情诗里，你会发现两个问题：一是她的许多诗歌，不需要解读，意思非常明白；第二是在言辞上，有许多古典诗词的影子，其实是某种意义上的"摹仿古人"与"用滥调套语"（胡适：《文学改良刍议》，1917 年 1 月）。当然，这不是翎子一人的问题，许多汉语诗歌写作者，在初期的时候，都有这方面的问题。毕竟，在文学素养方面，我们大部分人都来自于中国古典文学的影响，这个影响给了我们固定的审美程式，这个程式使我们在写作的时候，不知不觉地倾向于古典诗词的那种"美"。

　　但翎子又知道她写的是"现代诗"。她说："我在写现代诗的同时，也在做推广传统文化的公益讲座。尤其是在做古典诗词讲座时，我对现代诗歌的韵律美有了新的领悟。我认为无论古典诗还是现代诗，都要遵循诗歌的意境美、形式美、音律美的规律。因此，对于诗歌的美感与格调，一直都是我所致力追求的写作方向。"我在了解到这一点的时候，是有一些触动的。很多新诗的写作者，都以为自己在写"现代诗"，但其实在美学上是极为古典和陈旧的。他们在情感呈现上，是浪漫主义的直抒胸臆，在言辞上，并没有现代文学必须的各种技艺。古典诗词的"境界"与现代诗的审美追求，是很不一样的。很多新诗的初学者，仍然按着古典诗词的美学在写新诗。而很多人，按着古典诗词的美学来欣赏新诗，只能得出新诗"不美""直白"或"不知所云"等结论。

翎子是学古代文学出身，又在做传统文化推广方面的公益活动，这是她的优势，但是，如果在写新诗的时候，不能清晰地区别旧诗与新诗不同的美学生成机制，不能审慎地对待自己的古典文学修养的话，就会让她的诗歌面貌变得不清晰：明明写的是"现代诗"，但却是浪漫主义的抒情诗，处处都是古典诗词的味道。翎子的很多作品，是很合适朗诵的，在朗诵中，也许是另一种美感，但在阅读中，可能会让人觉得通俗、平白。古典诗词的意蕴也是非常宝贵的，这里我想说的是，如果在写新诗方面，要有实质性的提高，就很有必要去钻研新诗到底是什么、新诗的美学到底体现在哪些方面、古典诗词对于新诗写作的有效资源又在哪里。

其实翎子有一些作品，是很有现代感的，但有可能她并没有意识到：这些作品才是她新诗写作中最有"现代感"的作品。比如：

溺水的鱼
离开了你多情的池沼
没有了毒药的灵魂
满大街晃荡　找不到北
四围是青灰色的高墙
一道道地躺着
横竖写满了忧伤

我行在城市的墙头草间
叹息着　步步撞墙
似在摔打着翻滚着践踏着
草根泽国
一片汪洋

人生啊
如此漫长
——《毒药》

这首《毒药》如果没有最后一段，非常不错。现代汉语诗歌和古典诗词，是不同时代的文学形态，二者在语言系统上发生了极大的变化，前者用的是现代汉语，词语形态非常丰富，一句话可以远不止五言七言，在"形式"和"音律"的要求上是不一样的；而后者则常常用单音字和双音节词，形态规整。语言系统的变化，导致说话方式发生变化，古典诗词的句法和现代汉语诗歌的句法是不一样的。这就让我们必须意识到"诗歌的意境美、形式美、音律美的规律"（就如翎子自己所意识到的）对二者而言都是不一样的。现代诗在"意境"的追求上并不一定是"美"，而是在感觉、经验和想象层面的真实与深刻，这种真实与深刻常常不"美"，甚至是"丑"。还有，现代诗在意蕴上的追求，甚至不是古典诗词温文尔雅的"言有尽而意无穷"，而是更甚：晦涩，适度的晦涩。这首《毒药》没有最后两行的话，很有现代诗的意趣。和这一首相似的还有：

独处的时候
谁也不知道
你的心为何撕裂又挣扎

或者，在黑夜降临之前

把窗帘拉上

独饮一杯空荡的冽酒

看一只毛虫

在灯影下啮齿

噬舔着屈膝的尸骸

　　——《夜话》

　　这首《夜话》，最后一段和前面貌似没有关系，但其实"毛虫"的意象连接着前面痛苦的"心"。现代汉语诗歌没有刻意追求语言的简练，有的作品在语言和意象上相当铺排，但在意蕴上，基本上回避直抒胸臆的方式，一定会力求含蓄和深刻。

　　古典诗词追求某种意象和意境的优雅、感伤之美，现代汉语诗歌则追求意象的跳跃性和意蕴的含蓄与深刻甚至晦涩，在这两种美学之间，我觉得下面这一首翎子的作品很有代表性：

荒野里的一列火车

缓缓驶入车站

两条交尾的鱼儿

在激荡的铁轨上

尽情欢唱

赤色的火苗跃跃欲试

在落叶缤纷的季节

勾勒出生命的颜色

交织的两道弧线

无限驰向远方

　　——《一条路》

　　诗作两个段落之间是有断裂的，不再是过去那种——把所有意思都说尽。两个部分之间的意象、境界有一种对比。这断裂与隐秘的连接之间，正是汉语的现代诗的某种奥秘。翎子不是不能写出这样的诗，可能是她在古典文化传统中浸淫太深或者由于职业的缘故，在写新诗的时候，有时，不自觉地就落入古典诗词的窠臼。

　　无论是古典诗词还是现代汉诗，其语言形态都是汉语，古今诗人思虑的都是如何用汉语写出美妙的诗句的问题。诗歌是语言的一种组织，越懂得语言的人，在诗歌技艺方面越有优势。翎子比一般人更懂古典诗词，这对于写新诗的人来说，是极宝贵的财富，有效地利用这一资源，她在新诗写作中会有更大的成绩。

2018.1.30

我静静走来
又悄然离去

海 韵

今夜　一碧月华

洒在银色的海滩上

如水般清冽的光晕

饮醉了秋风

浸碎了贝壳

远处星星点点的篝火

摇动着浪朵

如潮汐奔涌

澎湃炽热

那不是海水该有的温度

那是潮起潮落间

挥洒的热流

我静静走来

又悄然离去

轻松地

不带走

一丝云彩

只留下一片片

浪花的余韵

一湾心波的

涟漪

2015.10.28

致母亲

——母亲，是我的致命武器

母亲，
是个美丽坚强的女人
她的美，夺目，惊心
曾经摄走了我少年时代
所有的骄傲与自信

在她面前
我纯粹是个毛刺刺的假小子
可她永远不会知道
我曾因震慑她的美
而自卑怨尤好多年

我也是许多人眼中的
幸运儿
拥有如此完美的家庭
拥有如此出色的母亲
而那时　母亲之于我

更多的只是人前的炫耀
挂在嘴边的一个勉强的微笑

直到后来
我也成了母亲
才惊觉人世间的沧桑苦涩
远超过既定的想象
而美丽　那个奢侈品
更加与我渐行渐远

这时　母亲的坚强
成了我唯一支撑的力量
母亲　日益衰老的面庞
一度成为我朝夕必经的仰望

不忘　是她
在我困顿难挨时
伸出温柔之手
难忘　是她
在我出嫁前夜亲手为我
吹打一整幢小楼的
五彩气球

不忘　她
披星戴月　遥江跨河

嘘寒问暖　深情探望

难忘　她

因我的执拗迷失

误入歧途

而赏给我的

那一巴掌

母亲　多年来

你是用泪水和在我

成长的泥土里

熨帖着我心灵的根须

助我发育滋长

你用你骤雨疾风般的

让人生疼刺痛的话语

刮骨疗心　让我

认清自己

足下的方寸土地

如今的我

已亭亭绽放　自信成熟

不再是青涩娇弱的花蕾

更不再是风雨中的飞蓬

无根无依的飘絮

只因有你
那个深深钻进了我
躯壳之中的骄傲的灵魂
其中的一半
是你播种的杰作

如今的你
弯弯的脊背似一弓残月
经年的风霜
让再也经不起折损的面容
更加憔悴
让我心疼得直不起腰的
是你依然扛着肩膊
对我护爱照料
那百般疼惜的目光

如今　才惊觉
原来　我们
早已根须相依
风雨为命
我们
就是彼此守护着的
致命武器

2015.12.12

触摸你的爱，零距离

那是一双
怎样温柔敦厚的手掌
揉碎了我这许多年来
烙在心底的创伤

那是一张
何等亲切善良的面庞
温暖了我久远的笑靥
笑靥里隐隐的哀伤

那是一道
多么温柔内敛的眼神
宛如海水般沉郁包容
又如慈父般亲切安详

那是一段
如此温婉动情的回忆
没有争吵，没有猜忌
每一个销魂的片段

都是记忆之海上

金色的浪花

2015. 12. 28

《触摸你的爱，零距离》诵读版

别·离

离你的距离总是
千里迢迢
今宵惜别
想起你温柔的眼波

像缓缓的河水
流经我的心田
微甜的回忆
悠悠荡荡

想你的夜晚总是
昼短夜长
长夜漫漫
亦和你深情遥望

或明或暗的月光
或浓或淡的茶香
岁月的陈酿
浸润柔肠

星光熠熠，繁星点点
波心荡漾，几声鸥鸣
无边的夜幕包裹着
你伟岸的身影

在月光倾城的夜晚
我是野鹤，你是闲云
奔向你的怀中
一片蓝色的汪洋

我的班机，即将落脚
我的航船，业已抛锚
矢志不移，只为你
心无旁骛
万里路遥，也有你
身影相绕

2016.1.20

你说，我图！

你说，我应该图你点儿什么
是啊，图你点什么才好
图你的潇洒身影？
图你的才干胸怀？
图你非比寻常的好？
图你憨厚亲切的笑？

图你唤我名字时的久违的味道
图你与我飞吻时的回眸的眼神
图你是那样地
懂我，怜我，疼我，惜我
懂我的至情至性
怜我的人生际遇
疼我的颦蹙哀愁
惜我的不谙世事

你何尝不也是图上了我
图我的云般滋味
图我的水样温柔

图我的千种风情
图我的炽热忠贞

只愿今生你我彼此相依
相守不弃　别有华宇
图在你人生的蓝图里有我的位置
图在我的名字前面加上你的姓氏
生生世世
唯你是图

2016.1.29

等待黎明

今夜　雾霭茫茫
润湿的空气
清新的晚风
轻抚你的脸庞

漫天星辉
遮挡不住你凝视的
眼中摄魄的霞光
在这样诗情荡漾的夜里
谁又曾向往黎明的曙光

不愿睡去　只因你蜜意牵肠
不忍离开　只为我柔情满腔
沉沉地倚靠在你温柔的臂膀
紧贴你的双眸
枕着你的心跳
我耳畔听到你均匀沉醉的
呼吸
宛如江水泛涌掀起的阵阵

喟叹

此刻　请紧握住我的小手
别再放开
在那一瞬间
绽放的心花
开满了爱的山崖

待你醒来
你我一同踏浪
看那云雾散去
红日仰照
你的笑靥依旧
青春容光

2016. 4. 18

你是我四月的幸运草

宝贝

不知上天让你我在哪一个幸运的清晨相逢

朝阳与星辉一同迎接你的到来

你光洁柔嫩的肌肤

像一块晶莹饱满的红玉

温润了我心灵深处的角落

宝贝

你可爱，又庄严

你的每一声啼哭都透着一股

决绝与誓言的真切

你的每一个微笑都流露出

世间少有的纯洁与依恋

你是我心上无瑕的宝贝

你那纯真无邪的灵魂

让我憔悴煎熬的心灵远离拒绝、

背弃和伤害的危险

让我疲惫孤寂的身影享受着

世间温情陪伴的抚慰

是你，让我日益坚强

是你，同我且歌且行

早晨醒来，匍匐在我身上呢喃撒娇的猫咪

是你

黄昏归来，梁间的那只雀跃欢唱的燕子

也是你

你如春风和煦

你如甘霖清醇

你成长的每一个瞬间

已然定格成一幅幅美好的画卷

布满了四月晴朗的天空

待你长成高大挺拔的一刻

回首来时

一路花香满径

也许花下曾经守护着你的

那些熟悉的背影

已纷纷飘然而去

却只因幸运有你

而无不欣慰远离

2016.4.20

《你是我四月的幸运草》诵读版

白马与红月亮

如果你就是我生命中惊鸿一瞥的白马
我愿是你高悬天顶的那轮红色的满月
当风暴不曾来侵袭
趁伤感的哀歌还未奏响
你我永存天地间的遐想未零落成断章
请朝我飞奔而来
无论天涯海角
那飞跃的瞬间　一往情深
天地都为你定格

听，晨鸟在枝头向你啼鸣
似在诉说着人间动人心魄的爱情
可知天地之间也有神交已久的传奇
年年岁岁　朝云暮雨
经久的期盼　超越轮回
生生不息　隔世痴情遥望

看，天边的最后一抹晚霞
可是你踏云而来寻觅的踪迹
抑或是我芳心神往的五彩丝线

牵动你梦寐痴情的脚步

撩动你奔驰神游的心怀

是谁说红色的满月是山雨欲来的前兆

又说红色的月亮是天生异象不祥的讯号

若真如此

你，会弃我而去

另觅他方吗

不要流泪

开弓没有回头箭

无需叹息

即使是一场误会

也算得一次错觉的盛宴

这一生放浪形骸

不羁的旅途

只为跨越遥远的距离

千年等一回

为你

所有不能忘怀的欢笑或悲伤

都会隐没在漫天星辉之中

纵是放逐之刃

遗落在失意寥廓的旷野

也不愿错过

仰视一刻

与你美好的相遇

2016.7.22

无　题

我喜欢一个美丽的梦
和美丽的诗一样
可遇而不可求
在梦里
你人淡如菊
我相思满溢

我一直都喜欢
那样的梦
一如当初你眼里明媚的霞光
跨越千里平原
载我回到了
故乡的麦田

耳畔响起了合欢花开的声音
一束暌违已久的四叶草
瞬间开遍了山崖
跋涉　　异乡的海峡
想和你迎接每一个朝霞

让多少倾心的话语

日复以夜

积攒成一道不散的

云彩

任不相识的人们

频频回首

看我们亲手种下的白兰树

落地生根

手心相握的树干

枝繁叶茂

然后

在某一个冬日的夜里

远远地眺望

我坚持在风中

痴痴地等

你静守在月下

悄悄地来

2016.7.23

七星湖的清晨

七星湖的朝阳

冉冉从湖面升起

几缕流云

划过长空

牵动了我的思念

浮光掠影

在雾霭中缭绕穿行

只为找寻

一个这样寥廓的地方

仿佛可以忘却一切

生的烦恼

不染一丝烟火的人间

用一潭碧波的池水

洗净一身的伤痛、绝望

那些被遗落的时光

需要曲折地越过草原、山脉、河流、森林

才能到达这幽静澄澈的湖畔

——拾起灵魂 会心的痕迹

远处传来耳语般的笛声
若隐若现 向四周漫溯
慢慢打开心门
等待黎明的曙光
按下快门
任秋风掠过的湖水
留一道涟漪在心间

2016.8.14

世界是你爱的回归线

一个人的孤寂

两个人的失意

分针与秒针

一生一世

只为找寻另一个影子

永不问艰难与否

自当风雨邂逅

千山阻隔　万里寻觅

一辈子都走不出

爱人的视线

无论多晚相逢

我只要一个结局

相视一笑　因你

擦身而过的是你

徘徊树下的背影

擦肩而落的是我

长夜未央的白发

任岁月悠悠

长路漫漫

落花流云

兜兜转转

只待你踏着月光

静静走来

我皎洁无瑕的

面容依旧浅笑羞赧

目光澄澈而坚定地

迎向你

在世界尽头的另一端

长袖善舞

霓裳如虹

2016.8.28

我愿触摸自由的天空

我愿此生辽阔高远
即使身处严峻的寒夜
我也依然保有心灵的自由
不畏风霜雷电的侵袭
不愿将就自己去妄谈知天命
不要在奋斗的时候停滞叹息

长路漫漫　没有旅伴
那就自我救赎吧
依然渴望明日的曙光乍现
依然自醒虔诚的星辰不移
依然向往神鹰翱翔的地方
依然热爱生命神圣的力量
使命之剑在召唤你
去到你心驰神往的他乡

2016. 10. 1

我有一个远方的恋人

我有一个远方的恋人
他让我受了很重的情伤
也许他并不真正地爱我
也许他在和旁的女人携手徜徉

我有一个远方的恋人
曾经的山盟海誓
亦如海上消逝的浪花
他热恋我时的眼波
曾经像春日梦寐的阳光

我有一个远方的恋人
我一如往昔地对他深深地眷恋
可如今他早把我的爱掩埋遗忘
只留下海滩上浅浅的痕迹
是我们曾经去过的地方

2016. 10. 2

绿皮火车

也许你早已把我遗忘
还是在心底将我悄悄珍藏
多少次交轨的时刻
不经意间就成了绿皮铁车
失落的那段独家记忆

渐行渐远
慢慢沉淀
开成了一路繁花
追随着你
从秋到夏

2016. 10. 22

小愿望

——谨献给艰难跋涉永不自弃的旅人

有没有一只鸟儿

即使折断了一扇翅膀

也要奋力挣扎着逆风飞翔

有没有一条鱼儿

即使失去了一只眼睛

也要逆着河流回到故乡

有没有一首歌儿

即使嘶哑着喉咙歌唱

也要努力完成它动人的曲调

有没有一群人

即使梦想遥不可及

也要尽力而为磨炼自己

纵使前路坎坷仅剩下孤独的背影

也不惜用一生做一次冒险

实现改变世界的

一点点夙愿

2016.10.28

痴迷不悟

——观徐文涛油画作品《身体景观》

你，真的爱我的身体吗

我的爱人

撕心裂肺的爱

痛彻心扉的爱

深入骨髓的爱

多么曲折迂回的缠绕

多么柔情蜜意的停留

似水无痕　似梦无声

似翩翩起舞的花蝶

似风光雨电的幻景

像小孩子的手轻柔地

触摸我子宫的最深处

那么依恋　欲语还休

那么温暖　热情洋溢

无处安放的灵魂

如潮汐涌动

镜像中的人生

彼岸是何方

只有共沐

在水浴中流浪

那不是我该有的温度

勃勃燃烧的是挣扎的渴望

盘根错节的是纠结的寻觅

如抓取一朵云

如扑向一阵风

等残躯变作骸骨之象

你可认得我当年的模样

待他日夕辉反照

你可会与我对视

老泪纵横

如恣肆汪洋

2016.10.29

我将远去

——观何塞·卡雷拉斯告别音乐会

欢悦的旋律

忧伤的歌调

尽在你耳畔回放

你可知道

我将远去

去一个你永远

也回不到的故乡

思念的愁绪

像断线的风筝

千丝万缕令我抓狂

不羁的浪子如我

等到两鬓白霜

才深深眷恋

那一把故土的芬芳

风雨兼程

深深浅浅的皱纹

烙在我的心上
日复一日
唯有热泪两行

盼星辉散去
一轮红日初升
伴我老去
看落日夕阳

2016.11.9

你也是一粒微尘
在半空中与我相遇

那一瞬来不及电光火石，
顷刻间迅速下坠化作尘埃

微尘

我就是那一粒微尘
轻轻地坠入凡间
从半空到江面
从云端到雾霭
从白浪的诡谲中窥见苍狗
飘飘然　杳无踪影

你也是一粒微尘
在半空中与我相遇
那一瞬来不及电光石火
顷刻间迅速下坠化作尘埃
在水势浩渺的江涛里翻涌
淼淼然　不忧不惧

生活就是微尘的凝聚
你中有我　同行共济
似繁花落尽洗净铅华
落红枯叶　了无牵挂
一簇簇暖意融化升腾

即使如尘埃散去

也留下丝缕馨香

在心头萦绕盘桓

感恩　返璞归真

2016.11.24

佛 说

——访古德寺攫影拾遗

佛说，
我独坐在菩提树下
千年
只为找寻另一个自己
远度

佛说，
大千世界芸芸众生
只为一个圆满
轮回中默念超度
任弱水三千
只取一瓢饮

佛说，
我愿涅槃泯灭
不为重生
只为一个不自欺的理由
祭奠

香火鼎盛

为我助燃

泪水婆娑

度我超脱

座下的舍利子

是漂泊无依者

尘世坚守的一种信仰

般若莲花

是彼岸灵光

昭示我自度的

一苇舟楫

佛说，

我供奉在庙宇一隅

烟霞袅袅

涅槃成佛

感知生命无常

开悟

2016.11.29

《佛说》诵读版

日光下的红蔷薇

　　——秋日午后寻访泰兴里

寂寞如昙花一现
在这无人问津的小街
古老又空寂
曾被大榕树呵护的
一株纤弱的藤蔓
在巷尾的角落
开出一朵奇异的花蕾
琥珀的花蕊
玫红的花瓣
似凋非落
枯败中犹有生机

人说浪漫的花朵
总是在孤寂中开放
枯萎如你
难耐似我
在这白昼光影中沦落
找不到归家的脚步
指尖触碰到馨香的气息
即刻下坠流离失所

有一种失眠是在白天
迷恋夜间的缱绻

不必思念
距离如迷思
游走在忧伤的琴弦
太过遥远会失语成疾
何来苦衷
任意一点躲闪爱意的借口
都会导致蒲公英纷飞落逃
独自等待的结局
不必期待也不再守望

一只回不去的燕尾蝶
盘旋着巴巴地静观
云霞散尽
用花火点燃一弯星辉
倾泻在梦中空旷的庭院
五色的花环羽化作天使之冠
冉冉升空
点点纷飞

2016.12.5

《日光下的红蔷薇》诵读版

武汉，带不走的只有你

走到长江边
挽着你的衣袖
夜晚的江景
恰似你的温柔

骑上双人车
闲轧东湖绿道
梅园荷园牡丹园
都比不上你的笑靥

黄鹤楼上眺望
江山如画楚天阔
昙华林里回眸
诗意如雨手牵手

汉街汉秀游船度
闹巷美食琳琅目
日出日落大桥畔
琴台有约黄昏后

早春二月武大樱园
眷侣成双入对
秋日午后
中山大道泰兴里
人们漫步悠闲

华师湖大桂子飘香
户部巷里人来人往
两江三镇四湖美
地上轻轨地下铁
都有你的身影常相随

梦萦天涯海角
莫名欲语还休
武汉，带不走的
只有你！

2017.2.12

晚　樱

你就是夏日的最后一株晚樱
任炎炎骄阳扑灭百花的热情
当繁花沉睡的时刻
你竟悄然绽放

无人打扰你的清幽
寻觅空谷深处的足音
瓣瓣落花　点点粉黛
是你心弦跳动的音符
似有还无　若隐若现

你如雪的肌肤
浸透着水样的纹理
吹弹可破
你红晕的脸颊
捎带着月色的羞赧
欲说又止

无人惊扰你的春梦

风一阵　吹不散你压低的眉头

雨一场　浇不熄你心中的渴求

用心花铺就一道诗意的盛宴

欣赏也好　自慰也好

尽向高处怒放

你的美　你的洁白

别无所求

原来美丽的梦神

大都会历经蜕变的年轮

哪怕花期倒错

亦能颠倒众生

只看你善不善于

静静地

等待

2017.3.12

《晚樱》诵读版

伴 侣

相见也好
不见也好
爱人
你是我的挚爱
天地寥廓
独你是那个唯一的
心灵存在

我是如此依附于你
就像对地母的匍匐崇拜
噬舔你的骨髓
眷恋你的胸怀
当世界只浓缩成一片梦幻的海滩
星月当空
你中有我
痛快交织
浴火涅槃

逆流激流

乾清海阔

风筝与风

海豚与海

怎离得开你的存在

云中没有你的影子

溪水没有爱的涌泉

归途视如流放

我形同虚度

滴水成冰

时光不老

我一直在等待

你的归来

2017.3.19

山 鬼

——观菅金尧的国画

白天　你是兽

穿行人间的兽

黑夜　你是鬼

魅惑魂魄的鬼

只有在月亮出来的夜晚

才能看到你惊魂摄魄的模样

你是人间的妖孽

是仙界的精灵

是妖魔

是幻孽

更是如此地美与魅

一如月华斜照的异域

动人心魄的笑与媚

幽然又决然

肌肤裸露的坦荡

稚气未脱的诱惑

花容月貌却孤寂忧郁的尤物

是你

十年幽闭悲欢离散的歌姬

是你

殇歌苦楚凄泪怆然

多少爱　难舍

多少恨　难释

遥远的山中湖传来

一串幽谧伤感的歌声

山也温柔

波也哀愁

心醉沉睡

你的酣梦

如溪涧中的月华流淌

只有在月亮出来的晚上

才能撞见你的真容

抚摸你

永远的神女

2017.3.3

江城闲人

只要一个眼神
足以让你一路风尘
相机是你的城市行囊
每天穿梭于市井小巷
感叹着世态炎凉

高楼林立的车道左摇右晃
一路的红绿灯上蹿下跳
却挡不住你倔强的步伐
游走在明明暗暗的街头
无数的风景从眼前
呼啸而过
惊艳总出现在懒散的瞬间

按下快门
镜头里的冷暖更像人生
经得起风雨兼程
如风送暖
心香化雨

深情地凝视着草木枯荣
只为有颗不安的灵魂

生活从来都没有句点
只有一串串长长的省略号
疲惫的心
在日落时分重新出发
为下一站漂亮的风景
背起行囊

2017.4.1

毒 药

溺水的鱼

离开了你多情的池沼

没有了毒药的灵魂

满大街晃荡　找不到北

四围是青灰色的高墙

一道道地躺着

横竖写满了忧伤

我行在城市的墙头草间

叹息着　步步撞墙

似在摔打着翻滚着践踏着

草根泽国

一片汪洋

人生啊

如此漫长

2017.4.9

雨　燕

群山向溪流低头俯瞰

烟云雾霭掩映出

高峻巍峨的身影

雨丝斜织

打湿了我的眼眸

一只疾飞的燕子

如一支无影的箭

冲撞奔忙

在逆风中失足

跌落山崖

她，看不透世故人情的沧桑

迷失了前行的方向

有谁会在乎一只无依的孤燕

沉沦多年的忧伤

拖着疲惫的羽翅

旦夕之间　冷暖无常

是否只有在最无助的时候
才会从异乡吹来清爽的风
穿越我心灵孤寂的草场
用最深情的凝视
挂念我的种种心事愁肠

你啊，比起山川晴空
更使我的心中沟壑万千
像一道暮春的余晖
包裹着深深浅浅的叹息
温存的记忆如一缕夕颜
留在蔚蓝色的天际

2017.4.25

新　生

一只雨后的瓢虫
爬到树洞的入口
它以为自己找到了秘密的归宿
雨声淅沥　棘草丛生
洞口望不见天日

如同一个异类
彷徨又彷徨
在异乡　摇摇晃晃
不知不觉　像一粒尘埃
堕下悬崖

山下，只怕还有一个洞口
住着一户好人家

2017.4.26

听晨雨滴落的声音

瀑布的水倾泻而下
雾霭与流岚
拂过茶香的枝叶
世间一切悲悯的景物
都裸露在广袤的天穹之下
晨雨滴答
淋湿了谁的记忆

你的目光
透着一股久违的善意
——抚摸沧桑潮湿的大地
难以寻觅
充满人间的烟火气
在时间的空洞中日渐消弭

听远处冰雪融化的声音
听玻璃窗被践踏成碎片
听阵阵劲风划过松林
像倒灌而入的清泉

温润又缱绻

我从你的身体里
听到飞鸽扑扇着翅膀
和它迷幻的哨音
在清晨贮满我心

2017.4.27

离开你，是我必经的岔口

从没想过
有一天
真的会离开你
远行
曾经的爱
密密层层爬满了我心里
每一个角落

从此以后
浮云一别
流水云烟
我花簇般的笑容
对你已属梦寐的过往

你留恋的叹息
不过是无奈的飘萍
而我们情愫的根须
已然了无联系

你的隐瞒猜忌讳莫如深
对我，如同一枚带刺的胸针
刺痛了我同样骄傲的灵魂
你把我推到了人生的岔口
踟蹰徘徊　心绪难平

就像云朵只能在晴空飘荡
我满怀柔情的爱意
需要一片更加广阔的胸襟
也许离开并不一定是失去
回眸时　路口等待着
另一个伟岸的背影
而我们
远隔天涯

2017.5.2

记得那一夜的大雨

下了一整夜的大雨
恣肆滂沱的甘霖
湿润了你我春梦的心田
不再是淅淅沥沥的雨滴

一片蓝色的水幕倾泻而下
如瀑　如烟
如雾　如岚
无数水花的倒影中
有我有你
无比灿烂

蓝色的雨滴
溅落在你高峻的肩膀
绽开团簇的花朵像吻痕
更像红色的勋章
加印在我的心上

你眼中一道魅蓝的光束

笼罩夜幕

如放映机前逆行的时光

在五月的某一个角落

仰望雨夜的星空

如同一只瓢虫找到了树洞的深处

咬着大树耳语

雨后的青苔

写满了我的梦呓

一夜的大雨如注

舌尖好甜

2017.5.4

《记得那一夜的大雨》诵读版

余 晖

余晖在云雾中漫行

斜照江水之上

一缕流云

吹散你俏丽的发梢

霞光飞散

晴川妩媚庄严

凝望你俏美的脸庞

你的眼睛充满了光明

像蔚蓝的天穹

一碧万顷

穿行我心灵的旷野

在城市的一角

留一方烟火

容纳温柔的时光

任昼夜的情话和缠绵的思绪

从心上人的袖口

爬上岁月的额头

最好的爱情

不过是遇见一个相见恨晚的人

共对夕阳

醉了余晖

2017.5.8

《余晖》诵读版

倒立的时光

窗外悬挂一隅的枝条
懒散地沉醉在
诗意般湛蓝的夜空
如水般纯净的回忆
洗净铅华
浮现出明媚的光芒

垂下如瀑的长发
宛若纤柔的腰肢
一段被遗落的风景
倒立在眼前
迷失了年轮

颀长如玉的手指
抚摸我发丝的缝隙
像长长短短的音符
叩击心灵的断章
揉碎了每一道沟壑上
生命残缺的风霜

一生一世的相逢

总停留在旧日的某一刻

需要逆着时光流淌

才能拨开倒映的幻象

触摸昔日迷失的幽香

透过窗玻璃上蒙蒙的雾气

寻觅一株美丽绝伦的

曼珠沙华

2017.5.17

《倒立的时光》诵读版

细雨中飘香的桂花树

细雨里的一棵桂花树

执着地等待着

一个闻花香的少年

由冬到夏

渐渐长成了一棵

有着深色树瘤的

高个标本

所有的相思

都长成了疙瘩

一棵树散发着精致的

孤注一掷的

扑鼻香气

每一朵芬芳都像是对你

思念的耳语

牵引你踏着细碎的脚步

在长夜漫漫的小路上

来来回回

剥离脱落

绽开了一串白色的花朵

在梦境中向你靠近

2017.5.24

《细雨中飘香的桂花树》诵读版

倾听一朵流云

倾听一朵云
流动天际的弧线间
静默中
有划过心弦的声音

倾听一朵云
别问她的归宿
在湛蓝的天宇中
自在逍遥地游荡
每一帧风景都定格成
一阵风轻云淡的交响

倾听一朵流云的声音
一任全身的毛孔缓缓舒展
又俶尔隐去
在无拘无束的蓝天里
放飞自身的美丽

只有给了她尽情去爱的自由

才会听到一种类似植物欢唱的

天籁之音

在内心深处拥抱妙不可言的

一方天地

2017.5.27

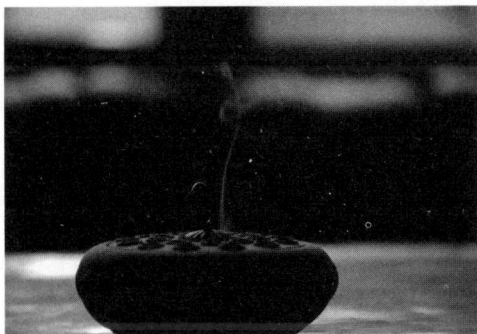

也许

你会慢慢喜欢上独居的日子

比如这老旧的山水

月色清薄

你说你是一颗顽石

你说你是一颗乡间的顽石
你有着看似圆滑的举止
和一颗冥顽不灵的心
你说你食古不化
别指望从石缝里生出
一丁点儿枝丫

你说我是一只斑鸠
只会在枝头鸣唱动听的情歌
而你深埋于地下的心
为我飞来飞去眩晕不已

可是，你仍看到有一些荒草
执拗地从顽石间生长
它们是那样坚强地筑梦
像无拘无束的风
有着自由灵魂的翅膀

即使是一颗顽石

也有它内心的温度

对抗着命运的捉弄

在无心向往自由的他方

绽开出闲花野草

漫步天涯

无论你是滚圆的顽石

还是根植于河滩的石坑巨洞

我都会是你近旁的

芳草暮云

朝夕相对

缱绻缭绕

2017.6.2

至爱的你

世界上最最迷人的芬芳
是你浓雾的发梢上飘来
合欢花
丝丝雨滴的馨香

我仿佛听到了天堂鸟在云端
雀跃歌唱
我眼里的星空
有五彩斑斓的精灵蝶舞
迷醉欢悦

月光清冽
是对人间最深情的凝望
月色如霜
你纵横沟壑的脸上
有深深浅浅的华章
如苍岩滴翠
似古藤茶香

十指相扣在林中小径

梦境悠长

通往夏夜幽谧的深处

低吟浅唱

你可听到来自山谷间

鸟儿啁啾　栖息成双

每一道爱的吻痕

都是一扇敞开的心门

踏着你的身影携手远方

时光雕刻的巢穴下

有心灵的歌者归航

2017.6.10

闲居岁月

你已经习惯了
做个闲人
当你不愿和我交流的时候
我觉得被你放逐到了天涯

每天傍晚，一个人
对着一杯凉茶等待落日的感觉
就像拿着一把写上 501 的钥匙
却开不了门锁一样惆怅

也许
你会慢慢喜欢上独居的日子
比如这老旧的山水
月色清薄　像被摊成了一张面纸
岁月清浅　像一杯未尽的残茶

在屋内闲居
更多的时候是无所事事
指针嘀嗒嘀嗒

已过午夜零点

抬起蒙眬的睡眼
将钥匙插入锁孔
从 501 下楼
身心空荡
人间仿佛也成了尘外之客

2017.6.12

《闲居岁月》诵读版

木叶的私语

从见到你那刻，我终于明白
什么叫做父亲
像一个老渔翁手持烟斗
望得见北斗星的光亮

我很少见到有人这么体贴善良
比如你会俯身倾听一个
孩童的言语
将其当做歌唱

当夜雨滂沱
我们互相搀扶着
我甘愿做你近旁一捧蓬勃的
野花
在你的呵护下
明目张胆地放浪

如果木叶的根须能说话
我想它愿成为你白花花的

胡须

在微风中飘荡

对着阳光

像个明媚的女子

不再流浪

只因你夜以继日为她

吟诗作画

像个真正的父亲

从不撒谎

2016.6.13

《木叶的私语》诵读版

你是我浮生的一盏清茶

一夜好雨
今天去看荷塘
一苇裹身
心中开出莲花
一捧新绿　几许清凉
用一份温柔静默的心
寻山水之间的知音

观花，赏雨，饮茶，闻香
我用朝露、山岚、烟霞
入盏
任半生漂泊的文火
烹煮陶壶里的陈香
香茗在盏　唇齿留香
了悟浮生沧桑的回甘
茶语清淡　禅心无言
在凉薄空荡的世间
寻无字无痕却有滋有味的
诗情

倒影在你的茶盏里

是人情冷暖的片段
有些凉意的世故暮气十足
经不起真性通透的烹煮
那些温情无华的芳香
滋补丹田　入味清心
洗涤俗世尘埃的风霜

最是那一掬清香
像茶海上青绿的新柑
返璞归真　无关风雅
最是那一份懂得
眉宇间淡远悲悯的神情
如普洱弥珍　馥郁芬芳
踏遍山川河谷的泥泞
经岁月的活水酿泉
入脾入心
化作一缕幽香

你有琴瑟，我有茶花
你是我浮生的一盏清茶

2017.6.15

《一盏清茶》诵读版

写给老父亲的一首诗

一想到老父亲

我脑海里就出现落日与孤烟

像爬满一壁的常春藤

风起时　吹皱一脸的沧桑

如今的老父亲

后背有点儿驼

曾经，这肩膀

扛起过我闪耀的童年

又扛住了多少辛酸的过往

父亲老了

偶尔精神颓唐

像残烛流泪　秋茄挂霜

虽然他的脾气

一如既往地硬朗

在夏日炎炎的病床上

我看到他病怏怏的
身体蛰伏在一角
像缩水后的腌白菜
白色的胡茬显眼地遍布腮帮

医院是个恼人的地方
没有八仙桌和四方城
父亲耿直的眉梢眼角
受不了白晃晃的针头
和吊瓶中刺骨的凉意
只钟情老街的烟熏火燎

陪他走过熟悉的巷口
只为吃一口热香的面条
他举起筷子的手青筋直抖
嘴角流涎也顾不上擦拭
我看到了一双童真的眼神
在人流中专注地闷头朵颐

陪父亲走回小院深处
一前一后
隔着岁月流转的年轮
良久无言

他坚决不许我靠近搀扶

以为时光凝滞松柏不老

一切都像从前一样

2017.6.17

《写给老父亲的一首诗》诵读版

失语者

在人生的谷底攀爬
有时会失去求生的力量
一个微笑
可以获取生存的勇气
一道眼神
足以燃起重振的希望

可你的心似一堵高墙
我的心犹如无人庇护的
空洞
那里有深不见底的绝望

空洞的心好痛，好痛
像一个个漏风的窟窿
凛冽的风从四面八方
向我袭来

我不知背后到底有没有依靠
更不知前路或归途去向何方

一个人
伴着孤影
天上只有一颗寒星
在失神地张望

2017.6.18

为爱情修碑

我的爱人是一座高山
山那头有个思念的人
那人占据了你的高地
在心上铸起一块界碑

我的心上有一座高塔
塔尖正对准你的方向
从不指望与界碑比肩
只默默关注你的去向

冬夏更迭，碑迹磨蚀
时间忘却了我们的心痛
你已然淡出我的幻梦
用眼泪刻印的相思
依稀斑驳的残痕
留待某个夜里
从石缝间开出最奇的花

当你下山，走出月桂的视野

独留我一人　望碑兴叹
仿佛生出一种错觉
两座碑塔相依相守
到老遥遥相望

2017.6.20

《为爱情修碑》诵读版

梦中的小妖

你似一朵娇艳的蕙兰
一缕幽香
牵动我迷醉的魂魄
秋波流转
勾起我连绵的相思

如春日里的一出梦寐
如秋光中的一弯倒影
芦花胜雪一片氤氲
召唤我梦中的诗情

等你身上的琴弦调好了
待我弹拨
我就坐在夕阳的山坡下
抱你在暮色里轻轻吟唱

2017.6.22

荷韵临风

霜叶初染，斜阳如画
一路荷风，余韵留芳
泛起心池的藕花
无影亦无痕
好想偕你一闻荷香

一圈一漾的涟漪
一浪一韵的清波
从秋到夏
像层层叠叠的绿裙绮扇
从此岸到彼岸
掀起的碧浪
盖印了整片荷塘

2017.6.23

午夜漫咖啡

已记不清多少次
独坐漫咖啡的橱窗前
一杯摩卡飘着热气
呆呆望向远方

杯底的热情早已化作
杯沿的冷漠
咖啡豆的苦涩
又带有一丝微甜
像回忆总能为往事镀金

咖啡屋内人来人往
很少有人真心品尝
咖啡里的原汁原味
不过是浮光掠影地占场
影影绰绰　走马灯一般
顿失了鲜活的生气

咖啡被我搅来搅去

像这无边的月色

越来越透心凉

不如借你温热的手

给咖啡添点糖

2017.6.24

《午夜漫咖啡》诵读版

手

最是那一双布满青筋的
大手
多少风雨不改的磨砺
透着异样的宁静与温柔
两条相交的常春藤
缠绕着逝去的流年

有着硬汉坚强的骨骼
也有处子细腻的纹脉
每一道指尖的触摸
仿若冬日暖阳的流连
每一扇掌心的抚慰
恍如月桂临水的清辉

向蓝天伸取你所要的
向大地寻求你所爱的
牵着你的大手
像走在一条朝圣的路上

安放在侧的酥油灯花
是你祈福温热的手掌
为我净度助燃
心中的烛焰柔软到坍塌

一路漫行
余香四溢
有你的双手依傍
何惧远方

2017.7.5

《手》诵读版

一瓢饮

飞溅的山溪从云端倾泻而下
雪白的骏马在山野流浪
迎面飘来姑娘的歌唱
春天的花儿在夏天绽放

任弱水三千
只取一瓢饮
为与你
爱的践行

当晨钟一叩
我心里的爱河
再次向你奔流
只取一瓢饮
莞尔回眸
是今生的约定

2017. 7. 10

紧闭又沉默的嘴唇　　幽邃又深邃的眼神
一个通往时光的入口
似幻似真的致命诱惑

门

——观吴哥窟崩必烈遗址有感

盘根错节的是
从地底的空洞里
绽开的一朵
禁忌之花

封存的记忆
层层叠叠
如待开启的神秘洞穴
一扇一扇向着云端敞开

紧闭又沉默的嘴唇
幽谧又深邃的眼神
一个通往时光的入口
似幻似真的致命诱惑

每一道门的背后
总有关不住的陈年往事
像一幅发黄的老照片

隐没了多少如烟的誓言
包裹着几许真切的岁月

一对拥抱的手臂
延伸到天穹
天地间一条长路
跨越日月的轮回
只为寻一个最后的归宿
开一扇心窗
回首一轮皓月
在如水的凉夜里
化作一缕不羁的风
奔往一处异乡的怀抱

穿越千年的梧桐树下
极目苍山烟雨
用一首未尽的离歌
拱卫一方河曲故土

2017.7.20

《门》诵读版

一颗硕大无比的椰子

当我俩共同啜饮这椰汁的原浆
你饥渴的眼神无视周遭
凝视着我的脸颊

硕大无比的椰子遮盖着我们
聚拢的嘴唇
香浓的椰汁
好像怎么喝也喝不完
你的眼里闪烁着异样的光彩

两根泛红的吸管无比甜蜜
椰汁被你吸得一干二净
你说红红的
是我的嘴唇
印在你的胸膛
绿绿的是椰子
纯情的笑脸

2017.7.25

漫步云间的造梦人

斜阳下的群峰
山谷透着幽光
一段凝滞的时光
在手指的缝隙间
静静地流淌

冷却的路
艰难漫长
别人的曾经
与云端的风景
交错重叠

不是所有的道路
都通向记忆的深处
不是所有的人
都拥有感悟风霜
的味蕾

像一群高飞的鸟儿

无法拒绝

远山的呼唤

对天空释怀

张开翅膀

就是另一番开阔的视野

漫行在生命的裂缝中

无处躲藏

不如伴着夕阳的身影

寻找梦境中惬意的

归途

2017.8.1

《漫步云间的造梦人》诵读版

软 肋

如果不是因为
有弱点或把柄在手
无人会有真正的软肋

有时弱点是性格
有时是拼命护卫的人
或是最在乎的要害
只要有软肋
就会有所忌惮

就像鸟儿会忌惮弓弦
鱼儿会忌惮网绳
自由的灵魂会忌惮
流言的传播
和以爱之名的
伤痛的束缚

2017. 8. 4

今夜，我想起山村的风

今夜
我静静地
一个人
坐在山村的矮墙下
发呆

山村的风
捎带起我的乱发
不冷
它呼啸了
一整个晚上

墓碑就在山脚下
不知被镌刻了多少的
名字
一块块石头
生生的疼

夜半的山里

没有笛声与鸡啼
只有飞虫和鸣
发出咿咿呀呀的
回声

人，是时间的动物
突然想到身后的事
有没有人眷恋
未竟的日子
可被深埋在土里
应该感觉不到
人世炎凉

2017. 8. 10

我愿以这样的方式想你

你的背影
让我的脑细胞
变得异常活泼
无数可爱的小蝌蚪
一涌而出
冲刷着我心脏的屏幕

我的心上人
就在漩涡的深处
他拥有的小蝌蚪
多得异乎常人
像无穷喷薄的泉眼

每当他深情凝望着
我的眼睛
我觉得一只只小蝌蚪
全都游弋在他的眼里
倒映飘荡出一段
云上的时光

我愿意以这样的方式

想你

在你也想我的时候

一丛丛的小蝌蚪聚拢

散作了一朵大大的太阳花

发出耀眼的光芒

映照着我彤云似的脸颊

2018. 8. 13

《我愿以这样的方式想你》诵读版

阳光蛰伏的青苔

青苔上的一缕阳光
静静地在岩石上移动
像是岩石生长出的胡须
带着茶香的山风
裹挟微醺的气息

春日的晴空
晒得暖暖的青苔
紧贴着孤寂的岩石
这无人问津的角落
它的脆弱只有你能看见
低声细语二重奏的旋律
不再重复单调的日影

雨后的青苔
吸吮了雨露更加丰盈
像一件柔软的外套
包裹着岩石饱受风霜的心
任石缝纹丝不动

风雨不改
默默相依

当阳光明媚的时候
青苔渐渐枯萎一隅
悄然退出岩石的视野
只有到入夜的时候
它们的气息才真正
融为一体不曾远离

每一丛青苔流连的地方
都布满了记忆的痕迹
那是岁月划过的诗行
胜过头上金色炫目的
光芒

2017.8.18

《阳光蛰伏的青苔》诵读版

遗失的距离

今夜无月相邀
无数颗星
被飓风扫落
坠入凡间

灵魂无法安放
在空洞的夜幕
遗落的星辰
散作微尘

繁星被隐匿
在尘世化作
飞越南北的灯火
照亮夜行的旅人

我也只是一个路人
在很多陌生的眼里
抑或是心里
毫无分量的一粒

微尘

从夜空中滑落
孤寂的身影
像从来都没有
来过这个世界
一样

2017.8.21

我们，用接过吻的嘴吵架

两片柔软的花瓣

轻轻依偎着相互取暖

背着爱情的壳

匍匐在生活这张纸上

曾经的包容

缩了又收缩

我们的触角变得像毒针一样

把生活刺得百孔千疮

早已忘却了

舌尖与舌尖

交缠碰撞的时光

生活中的恩怨

代替了唇齿间的留香

委屈、怨恨写满脸上

一句句口出的狂言

扎心窝子地，生疼

曾经充满诱惑的

钻入围墙似的车厢

如今用一百度的体温

互相灼伤

记忆的谎言

幻灭成爱的战场

2017.8.22

思念的味道

我奶奶是个
神奇的传说
她从海上来到江城
带着竹编的针线笸箩
安家落户
一针一线都有
她专属的味道

我奶奶的味道
来自香溪竹海的
深处
有春山的空灵
似秋水的淡泊
夹杂着荒烟蔓草
漂泊着乡愁的
回忆

一针一眼
都是久远的故事

缝补了岁月的痕迹

冬霜春雪

却从不曾

遗漏任何一个

抚慰人心的

时刻

天知道

云知道

2017. 8. 26

高速公路上的雾雨夜

在高速公路上驰行
两旁的风景纷飞闪退
一片雨雾之中
陷入无边的暗夜

夜雨滂沱
隔着车窗玻璃
雨刷来回地
摇摆不定
如注的雨滴
一绺一缕
落入红灯绿光的缝隙

漫天的雨雾
涌入湿滑迷茫的匝道
车辆穿梭的光
交错袭来
前路漫漫没有退路

路的尽头

是一种诱惑

你无比坚定地

望向前路

我无比接近地

注视着你目光

直视的方向

靠近你的脉搏气息

仿佛与你同位一体

有一种爱的宣言

是可以自由地触摸

你身体的山山水水

在我的目光所及之处

你的怀抱弥漫着浓雾般的柔情

我们一同在黑夜里穿行

你的光芒照亮了我的心

任窗外夜色如晦

我们十指紧扣

在雨雾中驶向远方

那一夜

我们的心贴得

如此紧密

2017.8.29

《高速公路上的雾雨夜》诵读版

回首，瘦了一季鹅黄

那一季的大火草
已经悄然绽放
还记得它花苞的样子
粉红色的大绒球
像一个圆满的梦
饱胀欲坠

那时的你
侧影高峻伟岸
满面春风
眼神犀利
闪烁着深邃的光芒
像一只振翅的苍鹰

不知何时
秋风的凉意
渐渐袭上你的面庞
低垂的眼睑
似在诉说着风霜

无常

风雨飘摇的路上
难免会有褪色的记忆
只要灵魂不失光彩
红了樱桃，绿了芭蕉
生活的原色流光依旧

转身回眸
你风姿清瘦
站在原地，停留
等下一季
鹅黄新绿
落红易皱

2017.8.31

九月，孕育了你的善良

一直都想献一首诗，为你
在每一个秋高气爽的时节

当秋霜一抹夏夜的酷暑
当秋雨一尽缠绵的温情
当每一缕九月的风
拂过我的发丝
我都会想起
湖畔的
私语

那年的晨曦
有绚烂而炽热的阳光
折射在木窗
召唤青春勃发的诗情
那时的夜晚
有昏黄的灯光伴着书稿
散发着沙发皮革与陈酒的味道
和着唇边醉人的留香

那时的我们
年华似乎不会老去
真心仿佛永不沉沦
爱，从来都不是
卑微的承诺
更无需祈求
她像缪斯只受天神的召唤
来自偶然地相遇

在你身边俯瞰
远方的大地
每一道山川沟壑
无不是爱河的甘泉
流经苍莽的原野
你的善良超越睿智
经得起我一世俯仰

风雨之后
不一定会有彩虹
但一定会是朗照的晴空
有一只温柔的白鸽飞过

2017.9.1

那夜，我们在芦苇荡里穿行

江水拍岸
潮汐浪涌
那夜，漫天星辉
我们在芦苇荡里穿行

月色朦胧
映照着银色的大桥
我们身后纤长的芦苇
像丛林一般
夹道而立

蜿蜒折行的小路
崎岖不平
踩在脚下的泥土
深深浅浅
每一步都像在寻幽探险

牵着我的手
你阔步昂首而行
前一步是你
后一步是我
我听到你俏皮的口哨声

穿越在曲折的芦苇小道
仿若这一片天地
全属于被城市遗忘的我们

夜幕下的芦苇荡
充满冒险欢愉的梦境
回首拥吻
四周脆弱的芦苇
禁不住起伏荡漾
我又听见了江风
在耳畔缓缓地吹来

今晚的芦苇
一点都不高冷
被爱抚摸的
河川旷野
烙下无法安静的
脚印
时间之上
有芦苇在飘荡

2017.9.2

《那夜，我们在芦苇荡里穿行》诵读版

一束花

月华挂在树梢上
在心的枝头
谁在守望

昏厥的灯光
白发的夫妇
半桶残次的花瓣
一碗热腾的米饭

几分稀薄的暖意
在每个不经意的夜晚
不是每份善意都能
产生富有的错觉

在黑白分明的世界里
开出彩色的花朵
白露已过
秋霜未竟
这一刻

风，不愿睡去
夜，不愿醒来

2017.9.7

此刻的我

终于又想起了在某个

秋日的午后

我爱初秋这样的傍晚

习惯了漫无目的地闲逛

当我对着月亮喊太阳

想必是恍惚到了极处

当头顶上那盏白晃晃的探照灯

被人遗忘的时候

心中的季节早已变换了篇章

每走几步就会有一个个摄像头

对准了我的瞳孔

像无数陌生人张开的眼

想要窥视我的内心深处

可惜它不像听诊器

可以聆听到我脉搏呼吸的频率

不然它一定会看穿

我佯装坚强后的一无所有

被人遗忘的感觉

如同在黑白的琴键上行走

上一秒升调

下一秒降调

无论你适应与否

都在试探敲击着心灵

承受的幅度

除非你足够跳脱

方能享受不被打扰的自由

白露过后临近秋分

正是赏花望月的时候

当鸣蝉不再伏在树叶里聒噪

当蟋蟀背着吉他逃之夭夭

我倒可以独享这一派

初秋的幽静

清荷碧波荡漾

此刻的我

终于又想起了在某个

秋日的午后

关于和你吻别的林林总总

2017.9.8

见字如面

—— 为《武汉地书》所作

在城市的某一个角落
总有一行写于心上的诗
在高楼森立的缝隙
寻觅属于自己的空地
任时空流转
如纷飞的蝶衣

汉字书写在地上
立峰成岭
悬针似剑
如立足于纸简的侠影
任南来北往的行人
观照流连

无论天雨，或是晴空
浸在水渍墨迹中的文字
书写着一桩桩家国情怀

在黑夜，或者白天
像鱼腹中的飘瓶
满载着寄托的流年

在时光的长河里
读懂地平线的方向
茫茫人海中
能互相诉说的心事
隐藏在笔锋间
留存在大地上
定格成永远的怀念

2017.9.15

暖水瓶

一束阳光
斜照在暖水瓶的瓶盖上
发热的铁壳
抵御不了炽热的光芒

有谁不曾受到过
这样暖心的恩惠
一如他直立的身形
钢铁铮铮的外表
怀抱一颗高贵的心

不张扬欢乐
不诉说愁苦
把最深的心事
与岁月共守寒暑

用坚硬的外壳
立足于冷漠的周遭
也改变不了内心

向善的暖意

背向孤独不寂寞
把心中每一滴甘霖
献给需要滋养的芳华
那是可遇不可求的
暖水清流

2017. 9. 16

《暖水瓶》诵读版

雨夜·孤影

夜太黑
眸子瞳孔
都和蘸着墨水的笔尖
一样闪烁着漆黑的魅影

黑漆漆的夜
并非是思念的夜晚
如泼墨的画板
悬在空中
滴落满天的墨渍
飘零在孩子孤单的课本

这样漆黑一片的雨夜
如何能梦见甜香蜜语的
故乡的笑脸
一丝甘霖
苦涩的雨丝中反复回味

仿佛漫天盖地的雨幕之上

有一颗许愿的流星

从冰冷的夜空中划落

2017.9.19

在大理，寻一株三角梅的伤痛

请不要对我说真话
急切，也许是无能为力
的代名词
不一定每一个人
都会拥有一个完整的春天

就像我不一定非要
赢得阴天里阳光的欢心
得到一份施舍的肥料
也不一定有暖意和快感
施与受的关键在于自愿
强扭的瓜果并不甘甜

春天的诱惑不足以勾引你
豁出去宠爱一株稚嫩的花朵
大理古城朝夕相伴的墙壁
回不去温暖诗意的雨季
我有限的自知之明
告诉我别再白费力气

使劲去敲一扇禁闭生锈的

铁门

那斑斑锈迹冷峻的伤痕

是我不敢直视的

积灰重重的眼神

这里没有我值得倚靠的风景

孤寂难耐的身影

无法安放一株

盛夏明艳的玫红

一轮清寒的残月

高悬在云天之外

2017.9.27

《三角梅》诵读版

雨夜的情思

无遮无盖的天空下
无数的雨滴噼里啪啦
从四面八方袭来
无处躲逃

一朵娇弱的金色花
在你坚韧的篷顶之下
夜雨时分
悄然绽放

午夜的霓虹灯
绽开潮汐泛涌的思忆
石砖上灿然闪烁的
雨花
诺言中落英碎玉的
杯盏

迷雾般洒落的雨丝
笼罩心头未尽的

光焰
一扇古旧的屏风
一张一合
掩不住一缕透风的
曙色

2017. 9. 29

半碗粥

接过冒着腾腾热气的
半碗甜粥
你囫囵几下匆匆倒入口中
那是我吃剩下的半碗粥
一半温暖了你的胃
一半融化了我的心

你靠在我身边入眠
我却已经开始了对你的
思念
俊朗的眉宇呼吸那么匀称
疲惫的身躯蜷缩这般单薄
一半是心的沉寂
一半是爱的洋溢

你是一个自在的闲人
却有我一想就心颤的名字
背着相机　隐匿于人群
焚心似火，却如水般慈悲

难掩洁白的内心

用年轮刻下追寻真实的足迹

一半来自远方，有我的姓

一半来自江湖，是你的名

2017.9.30

记忆中的雾渡河

一路向西
距离一千二百公里的地方
有个记忆中的名字
穿越山洞和隧道
缭绕云雾的仙境
是一个深邃的问号

河岸这头曾引颈高歌
雾中渡河的他
欸乃长啸
他从云中走来
招手，微笑
渡我以舟楫
我梦中粉红色的芦花
夹岸一路盛放

有没有一个秋天
只为某一人停留
那些宽慰心弦的夜晚
抚平了多少未竟的心事
仿佛所有的忧愁都能被

洗尽铅华

雾气蒙蒙的河水自顾
静静流淌
心头的尘埃随风涤荡
一轮皓月高照
在河川之上
清辉如镜，依稀可辨
当年离乡远行
心碎的模样

归去
总有一曲歌调，只为你
浅吟低唱
那歌声天生适合
你的梦弋
一如雾渡河的河水
可以洗净我们
沾染俗尘的灵魂

2017.10.7

《记忆中的雾渡河》诵读版

流浪的花朵

苍莽的异乡

丹枫变黄

褪色的碧草

一扇空怀秋水的门框

一个落寞

一个绝望

一对失散多年的姊妹

不知何时竟流落北方

蔓延忧伤的风在吟唱

草原上的河流

总是回荡着凛冽的疾风

从四面八方奔涌袭来

钻进每道骨骼的缝隙

撕裂着，镌刻着

一道道带着寒凉的名字

秋意深浓，秋霜夜长

何处是暂避的处所

骤雨乍起

我一身素衣

在风中飘舞旋转

像凋零孤寂的飞鸿

祭奠一段远乡的往事

寻觅

在每个秋阳高照的日子

用一串如歌的心情

采撷一束失语的花朵

飘浮散落天空的掠影

平复那梦寐的私语

2017. 10. 10

《流浪的花朵》诵读版

最是那一瓢长江的水

最是那一瓢长江的水
热血滚滚奔流
自西向东，从唐古拉山岩
流经三峡大坝，
从荒莽高原远赴南湖水乡
汇聚川流向东海之上
从古至今，生生不息

最是那一瓢长江的水
养育了多少荆楚儿女
凭栏俯瞰江流涛涛
沧海桑田别有天地
往昔峥嵘巨变惊魂动魄
铁血丹旗铮铮华夏骨
风雨同舟共襄中国梦

最是那一瓢长江的水
穿城而过连接三镇五湖
钢的大桥，铁的轨道

铸就繁荣昌盛康庄大道

青山绿水浩浩汤汤

红帜高标劈波斩浪

雄视神州灵秀筑梦

最是那一瓢长江的水

行吟阁畔楚天寥廓

凤鸣九天瑟瑟风起

极目远望黄鹤高翔

长江主轴屹立江流

日落日升同辉天际

最是那一瓢长江的水

青葱岁月与长江同在

莘莘学子荟江城逐梦

寒来暑往，日出月升

勇于开拓，敢为人先

初心不改，江流汇海

恰逢盛景，霞光飞扬

2017.10.18

静坐的时光

秋意微凉
一叶知秋
我常常对着一片落叶
畅想它摇摇欲坠
从枝头落入泥土的情节

月色清薄　云拂月影
远处江面上升腾
一层薄薄的雾气
笼罩在江水之上

朦胧的月光
洒向江流
泛起银鱼样的波澜
像我心中跳跃跌宕的音符
粼粼波光随江水荡漾

倒映出桥墩折叠后
古老庄严又迟钝的模样

被拉长的昏黄倒影里
沉醉了多少数不清的梦寐
与往昔重奏的时光

2017. 10. 18

一条路

荒野里的一列火车
缓缓驶入车站
两条交尾的鱼儿
在激荡的铁轨上
尽情欢唱

赤色的火苗跃跃欲试
在落叶缤纷的季节
勾勒出生命的颜色
交织的两道弧线
无限驰向远方

2017.10.25

秋天，荒凉地躺着

山峦荒芜
秋光下一条长长的剪影
牵引着我的归途
凉风萧瑟
一袭寒衣拉紧了
我思念的纤绳

我像被自己的影子
牵引着行走在异乡的孩子
挣脱着，奔跑着寻找
生命中必经的一棵老银杏下
弹着忧伤琴弦的身影

一张满怀倦意的笑脸
像绒绒怯怯的花朵
润湿地迎向风雨
一团闪烁着火焰的光芒
失落在无边的旷野

天高云低

一再徘徊在我

触不到的草丛深处的脚步

印在我的心上

又踏向远方

2017.11.2

《秋天，荒凉地躺着》诵读版

夜 话

独处的时候
谁也不知道
你的心为何撕裂又挣扎

或者，在黑夜降临之前
把窗帘拉上
独饮一杯空荡的冽酒

看一只毛虫
在灯影下啮齿
噬舔着屈膝的尸骸

2017.11.4

黄叶耽秋风

如果
岁月可以轮回
我愿是一片翩跹风中的黄叶
叶茎叶脉像你手心的掌纹
替你握住远去的年轮

如果
光阴可以返青
我愿是一缕缭绕峰峦的霞光
像你鬓角生出的云涛
为你点染生命沧桑的色调

如果，我有许多个如果
在黑夜中和我的灵魂对弈
那轮回的旋律深处
有一双深邃的眼睛与我对视
如鼓槌敲响低沉的尾音
透彻我心灵的湖泊
蔓延一道道幽静的涟漪

化作震荡波心的弦音

耳边有远古传来的气息
我放逐的心灵去有你的地方
梦回，流浪
无论菩提树下
还是三生石旁
塑一座与你相仿的石像

时光许我无尽的记忆
握不住纷飞一地的叶片
铺卷着寸寸风雨
飘落在无人居住的荒野
撒上团团扇形的银杏种子
渴望开出你想成为的模样

在每一个秋风萧瑟的时节
缱绻在你温暖的怀抱
几许思念的陈香浮动
静静地散落满庭

2017.11.16

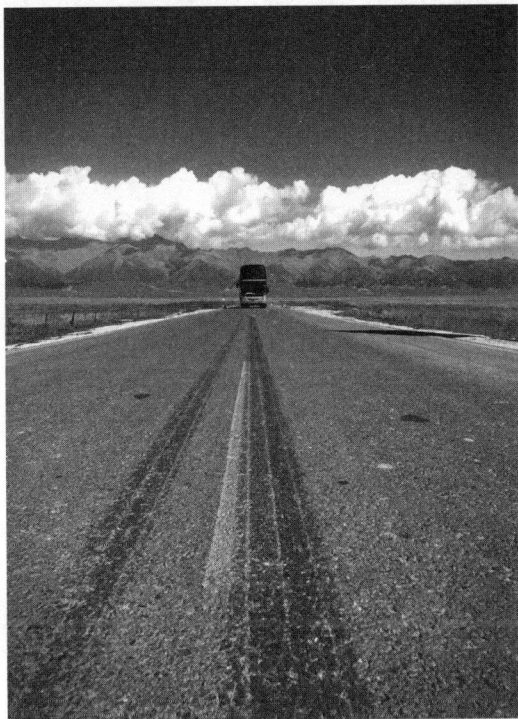

那回音贴着一道道山脊
从最瘦削处凹陷又扬起

平凡之路

一朵湿漉漉的落花
拼命挣扎着挂在虬枝上
卑怯地依恋一场大雨
滂沱如注后的喧哗
当别处的花朵凋落之际
仿佛有接引的灵光一束

无论城市，或者旷野
几条纵横肆意的村落
都只在孤零零的
一束枝条上栖息
一条平凡的小道上悬挂着
黯淡宿命的彷徨的天梯

2017.11.22

初心不改，风雨同行

——为《敬畏》一书所作

有一首歌，这样唱

往前走，一条大路通向远方

江山如画，旌旗飘扬

功在千秋，心存敬畏

不忘初心，汉水流觞

人民的代表颂歌传响

江汉关的钟声敲响了清晨的序曲

汉阳门的汽笛拉长了黎明的曙光

人大代表，将百千乡镇的使命担在肩上

伯牙后人，将高山流水的琴韵再度传唱

九真故里，挥汗耕耘的儿女眷念着这片热土

知音桥头，风雨无悔的英杰坚守敬畏的信念

勤勉务实，一心为民

敢为人先，勇于担当

我们的人大代表坚定不移

双肩驮起风雨，砥砺前行

脚踏广袤天地，波澜不惊

日日夜夜拍岸的汉水合唱依旧

寒来暑往为民请命的弦音犹在

前行的路，不断拓宽

远方的灯塔向我们召唤

那是耀眼的中国梦燃烧着炽热的火焰

晴川阁畔，长江新城发出耀眼的光芒

鹦鹉洲岸，广厦擎天安居百万庶民

穿梭不息的地铁快线

如星轨环绕驰行

天上地下勾勒城市的经纬线

流光溢彩的琴台剧院

如琴键黑白分明

朝朝暮暮把希望的凯歌奏响

三镇人文荟萃于月湖琴台

黄金口工业园屹立汉水旁

汉阳大道夜色阑珊，灯火共繁星闪亮

秋去春回，日出月升

摇曳升腾起一轮金色的希望

高举新时代的旗帜飞扬

唱一首国富民强，兴我中华

前仆后继的开拓者们
丹心耿耿，豪情万丈
铭记家国的使命于心
不负民众的深情嘱托
铮铮铁骨，热血一腔

2017.11.27

雪，一直下

芦花似雪
披着雪花的外衣
却无水波荡漾
任由秋风摇晃
满天飞扬的花儿
如今已白发苍苍

说梦醒后你会回到
那条故乡的小河
一大片的芦花随风荡漾
飘逝的岂止似水的流年
有梦的年纪总是飞雪迎面

裹挟着昨日的忧伤
淡淡的琴声里
一只白鹭缓缓飞翔
羽翼之间有白茫茫的
芦花飞扬浮沉
俯瞰茫茫人海
轻盈的步伐
一如年少

2017.12.2

星空下的街市

昨夜，与星月同行
一条灯火阑珊的长街
如一弯璀璨的银河落入凡尘
通明的灯火下一张张模糊的
面容一闪而过，或悲或喜
彼此张望着，来不及分辨生活的沧桑
各自的世界分明都写在脸上

一片片的花瓣从天而降
纷纷扬扬，仿若飘絮的蒹葭
笼罩在不一样的世界
诗意了无牵挂
满载着冬雪绒球般的记忆
在黄晕的灯盏下滚来滚去
彷徨的日子莫如望向远方

前方，坚守的灯光依然伫立
仿佛眺望到海市蜃楼的异乡
在星罗棋布的街头

灯影出神地等待着来往的人流
纷至沓来的脚步细碎又匆匆
仓促地从一道道摊前瞥过
没有一望到底的眼神流连

寂寞的街市空洞难耐
无人撩拨的夜晚
只有寂寥的琴弦在默默期盼
阵阵寒风凛冽地袭来

2017.12.14

《星空下的街市》诵读版

家

我羡慕每一间有屋檐的房子
当窗台上的那盆紫罗兰
开放的时刻
即使风雨欲来
也有支撑的骨架遮挡
像眉骨之于眼眸

我愿蜷缩在最深的房间一角
被它深深地包裹着
笼罩在一片柔和的光晕下
像被一张厚实的毛毯
温暖地拥抱着心房

在每一个无助或者失意的夜晚
有一扇门、一盏灯为我开启
像伸出温柔的手臂
迎接远行的小船儿归航
在城市的一角
将一片星辉点亮
沉醉于永不苏醒的梦乡

2017.12.22

冬日的交响

飘雪的日子静待寒冷挥手
冬日迷离的眼神
赶不上阳春三月的半拍
在雪国的异乡
列车飞快驰过原野
送来了冬天叮当的交响曲

那回音贴着一道道山脊
从最瘦削处凹陷又扬起
像是为山川吟唱送别的乐章
河流流连的眼神布满了旷野和草场
牛羊低头附耳
鸣奏细碎婉转的小步舞曲

隔着层层的雪天厚土
贴近大地轮回的呼应
关于春天的记忆
一串嘹亮的音符破土而出

2017.12.25

涨渡湖的倒影

冬日，午后
暖阳静静地倾泻
这一片宁静的水域
映出一株株明媚的倒影
从湖心向四处漫延

波平如镜，天青云淡
没有一丝的牵挂
任纯情而忧郁的风
透过时光湛蓝的湖水
拂遍了每一道枝条上
深浅不一的记忆

隔着一圈圈年轮的距离
彼此守望着长久伫立
却无法伸出拥抱的手臂
也无处遁藏过往的经历
消散四季轮回的踪迹
触摸水中风景的余温

远方的大雁疾飞而返

来不及向高悬的鸟巢

——回眸告别

张皇的心四下张望

在寥阔的天宇中

寻觅一道水中的幻影

只为一次久别的重逢

2017.12.31

《涨渡湖的倒影》诵读版

铭 记

2018 年的第一首诗
不是来自 2018 年的第一场雪
没有喷薄而出的时事话题
也没有惊天动地的风云见闻
只因一个孩童慷慨温暖的眼神

"关灯睡觉了，妈妈"
"谢谢你，宝贝"
当黑夜降临的时候
从门缝里透射出的一道光线
带着烛香燃烧的味道
在我记忆的房间里蔓延

笼罩我心灵的尘埃之光
像迷航让我感怀年轮的飞转
闪回在有马泡温泉吃料理的夜晚
在太平山顶排队看焰火许愿的时刻
一同在太平洋畔喂鱼的欢声笑语

不曾遗忘

你童真的陪伴

2018 年的第一声问候

来自弹奏小星星变奏曲的你

让我感动，铭记

2018.1.6

浅草寺物语

从东京塔向下瞭望
在五星大道的一角
有烟火缭绕的清凉
一双偌大的草鞋
背靠着背
紧贴在红与黑的院墙

花枝招展粉黛易装的游客
熏染着织布机上没有的色彩
遍地绽放的卡哇伊造型
衬托着枯山水的异国风情
撑着和式油纸伞和团扇
遮挡不了一路炎热的阳光

石板路上传来木屐声接踵踢踏
银铃儿的颤音在笑语中回荡
禅茶院里静修的风铃草
禁不住随风儿飘扬
禅心普度
隔着重洋

2018.1.7

东南亚的月亮

东南亚的海边
常常人潮涌动
不需要世界杯球赛的鼓嚣
啤酒，BBQ，肚脐和舞蹈
踏着落日的余晖
在玫红色的黄昏
情侣身后一大片明艳的倒影
浪花妩媚动人

肤色不均的异乡
闻得见各种香料的混杂
一群戴着头盔的男男女女
骑着机车在星罗棋布的街头
呼啸而过，杂七杂八
热络的肢体语言
留下榴梿酥香的浓雾

撩人空荡的长街
踏着人字拖，与寂寞吻别

抬眼遥望蓝色的星斗

像一张布满图钉的帷幕

用探照灯寻找熟悉的面庞

在每一个有月亮的夜里

椭圆形的手势像泪滴凸起

显得格外苍凉

2018. 1. 7

《东南亚的月亮》诵读版

宝岛的凤梨酥

蜜黄色的花蕊
馨香浓郁
层层包裹的甜心饴糖
蘸着指尖稚嫩的奶香
入口即化

暖暖的指缝
瞬间有蜜汁儿流淌
那是童心天真的流露释放
整个夏天清脆的笑声
都在小小的方盒里发酵储藏

太多的鲜果芳香满溢
在缤纷旋转的时光里徜徉
像跃进的碟片流光一晃
在万物凋敝的时候
能够一一倒带回放
纪念五色斑斓的怀想

2018.1.8

忍野八海的水草

从名古屋出发

到久负盛名的富士山脚下

坐看云卷云舒

天空蔚蓝如洗

嵯峨俊秀的山峦迭起

清晨的云雾变幻翻滚

如蒸腾的海浪

半轮巨大的白扇倒悬在海面

映入深邃清澈的泉眼

一壁的碎玉清寒斑斓

似藻荇竹柏，更似簇拥的青鳊鱼尾

密密丛丛青翠散布

漂浮融化在心灵的池沼

摇曳的歌声一阵风摆

是那样的自由与欢跃

2018.1.10

吴哥窟组诗

一

飞机降落在夜幕阑珊的
暹粒城外
传来缕缕椰香的热风
湄公河畔古老的歌调
旧市街场不夜的灯盏
却照不见大小通城里风华无限

俾湿奴神殿里柳叶飞仙
巴戎寺四面吴哥的微笑
巴芳寺岩壁的大蛇乳海
长长的回行走廊空空荡荡
酥油灯火亘古不灭的传奇神话
只剩下落日幽暗的烛焰微光

登上佛塔叹息的天梯
龛影重叠的巴肯山顶
天空阴云密布

往氤氲更深处漫溯

异乡归巢的鸟雀羽翼匆匆

二

天地之门

在黎明破晓前悄然敞开

一团漆黑静谧的魅影中

苏醒的七头巨蟒高举尾翼

寻找天边红莲的曙光

佛光由远及近

淡淡泼洒在庙宇长卷画轴的中央

绿波荧荧的护城河水

如一汪瑟瑟的碧眼

守护这一方纹饰浮雕的圣殿

河畔一棵金灿灿的大榕树

静默低垂如伞盖的弯弯睫毛

在每一道石纹的脉络里

有树根对大地最深切的抚摸与安慰

那是生命缝隙中的喟叹

回首百年不堪的陈迹

多少辉煌灿烂的足音

三

树的沉寂独立在岩石之外
像风和浪总是缠绕相依，
不可分离
封闭的洞穴如深邃张望的眼睛
足以洞穿沉睡的心灵

错落有致的音符
凌乱地散落一地
高低不平的曲线烟云缭绕
枝头的绿荫里密密麻麻悬挂了多少
紫红色沉重的回忆

紧紧拥抱的黑夜与白昼
裹挟在每一个树洞的角落
熨帖酣睡着细碎不安的灵魂
粗壮的鼻息此起彼伏
回荡在悲欢离合的斑黛喀蒂
忧伤的歌声缓缓飘过盛夏的云朵

四

雨后的彩虹
高挂在波平如镜的洞里萨湖上

两岸的椰林拖出晚霞长长的剪影
金色的琴弦拨开银白的波浪

穿梭的船桨游弋于潮湿的密林
青鳊鱼划出一道道欢快的回响
迷茫的旅程弥漫着菩提的果香
昏黄的河水交织异域的梵音

一路混杂各国语言的过客
花花绿绿鱼贯而行
一艘游船的棚顶上
一对情侣伸出双臂像展开的翅膀
在这片布满皱纹的河流上翱翔
掀起朵朵奇幻的浪花

2018.1.12

《吴哥窟组诗》诵读版

刺 青

——观从莫奈到苏拉热油画展有感

冬日刺骨的寒风
从长街呼啸而过
弯弯曲曲的人流缓缓移动
像簇拥的鱼群，不徐不疾
一会儿散开，一会儿聚拢
天空下一架飞机掠过头顶
拍打银色翕张的羽翼

人们穿过甬道——蹲下
以各种表情细细端详
冰凉的双手
用丹青在画布上妙笔生花
听到远方有树枝折断的声音
像风儿轻拂面庞
有热泪悄然盈眶
微凉的记忆忽明忽暗

是初次相见

又像是久别多年

2018.1.13

《刺青》诵读版

老 吴

老吴
是个戴着四方眼镜的胖子
像弥勒佛
一笑俩酒窝

老吴
是我从小玩到大的兄弟
画得一幅好山水
义气十足，吊儿郎当

老吴
每次喊你名字的时候
你老婆总会出现，及时盯防
虽然你不擅长做家务
还整天邋里邋遢
裤兜里没啥银两

每次我叫起"老吴"
你总是对我打哈哈

说我像在叫"老婆"

竟会那么像？

该如何是好！

2018.1.15

阳　台

逆着阳光的方向
从下往上仰望
像袋鼠妈妈胸前
一排排巨大的口袋
四下张望的小脑瓜
一层一层，顺势往上攀爬
触摸天边最近的一缕云霞
阳光下的棉絮
散发岁月的芬芳

沿着阳光的足迹
一级一级往下流连
蔚蓝的天宇下
有许多排列整齐的信箱
或敞或闭着门帘儿
让人有一探究竟的愿望
每当日落的时候
会飘出袅袅蒸腾的饭香

从楼顶的阳台上向地面俯瞰
世界会变成一个立体的球状
像被包裹的巨大卷心菜
用地心牵引着一颗一颗
惴惴不安的心
总有一方阳台上会出现
一个等待的熟悉的身影
默默守望，让远行的人回家

有阳光的时候
阳台就是温暖的床铺
有灯光的晚上
阳台是最温情的召唤
白天，吸纳暖阳
夜晚，光照四方

2018. 1. 16

被时光照亮的陌生人

大寒的迷雾中
从三万英尺高的天宇
往下俯瞰
一切的烟云随风飘散
无息，无我
茫茫一片的云海
无尽的思绪消失了踪影

仿若隔世
与陌生人同在的感觉
无非是擦身而过的冷漠
可一旦感觉到了暖意
竟还有淡淡的喜悦经过
不想错过每一站惊喜的风景

心中有丝丝的暖流汇成
一道道时光驻足的痕迹
把缕缕残留的心事
放进如水的光影中洗濯
一束阳光，深情如初

2018.1.20

喀纳斯湖的冷水鱼

在蓝色的画布上抠出一个个雪白的洞

时而冒出些逗号和分号

还有个别的句号

鼓囊囊的肚皮吐出透明的泡泡

咕噜噜，咕噜噜

那一条条自由游弋的鱼儿

摆动着滑溜溜的黑斑鱼尾

我有一股想钻进湖心深处的

冲动

伸手摸一把冷水鱼的脊骨

是否真的没有鱼刺

这样想着

圈圈湖水已经漫过了身体

画布骤变了颜色

2018.1.20

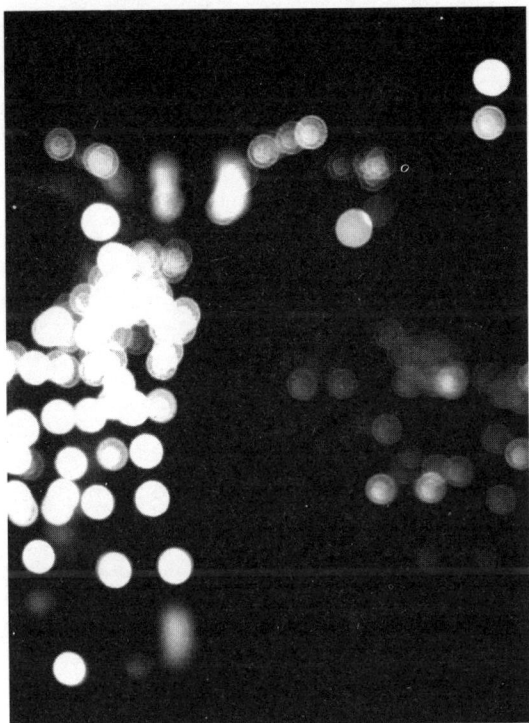

我喜欢不自量力地与许多事物为敌
像飞蛾扑火
将真性真心付之一炬

我喜欢不自量力地与许多事物为敌

我喜欢不自量力地与许多事物为敌
像愚痴的精卫衔石填海
劳而无功,不知悔改

我喜欢不自量力地与许多事物为敌
像飞蛾扑火
将真性真心付之一炬
换得灰飞烟灭也在所不惜

我喜欢不自量力地与许多事物为敌
如西绪福斯不断推动着
一块命中注定的顽石
拼尽全力,周而复始
从不低头看一眼脚下
泥泞的土地为何崎岖不平

我喜欢不自量力地与许多事物为敌
习惯不计后果地扯下
那些试图掩盖真相的新衣

又妄图揭穿一些人生灰暗的底色
暴露真实刺痛的骨感

我是一个如此不合时宜的骚人
在穷与达之间的轨迹直道横行
不在乎命运之轮天盘的圆满
只是将头顶白云青天的使命
默默铭记

我喜欢不自量力地与许多事物为敌
在白云苍狗之隙
向往远方
风车转动的声音

2018.1.23

晃悠在成都的 24 小时

将伞和全身打湿
笼罩在一片灰蒙蒙的雨雾中
入宽窄巷子闲坐茶馆里听书
看变脸掏耳朵
吃三大炮啃兔脑壳喝酸辣凉粉
围在热气喷香的小龙坎
摆龙门阵耍哈子花腔
也蛮有川味儿的调调

在武侯祠的红墙竹影探寻
岚山翠竹的一抹苍绿
夜游春熙路太古里打量着灯花下
方所与诚品书店书香的差异
似水无痕的流年与似凋非落的腊梅
在异乡的夜色里朦胧交织
一碗清甜的腊八粥
唤醒了冬日暖香的回忆

2018. 1. 24

《晃悠在成都的 24 小时》诵读版

静候一场冬雪的来临

无法想象新年伊始却没有雪花的降临
雪一下，一切才是崭新的开始
车行一路，大雪纷纷扬扬
窗外晶莹剔透的冰花
凝结在银白的枝头
看一座城池被一大片雪白覆盖
一串串脚印像白色画布上蘸出的点滴墨迹
这是 2018 年最干净的一天

你跋山涉水而来
空雾飞花，冰莹如霜
连空气都这般清寒澄净
如同初吻般醉人
我手捧一瓣雪花
安静地等待远方
幸福如雪片般降临
心中溢出一缕淡远的梅香

你从灵魂深处由内而外的本色

洁净通透

照见我坠落云中的孤单

比起桃红柳绿的春天

我更加眷恋冬日那貌似废墟的荒凉

一切是那么洁白，万籁俱寂

用白雪裹住一些微凉的温情

追逐远在天边的红日

雪一下，整个冬天才活了过来

你一出现，生活的春天才

一寸寸地绽开

2018.1.28

《静候一场冬雪的来临》诵读版

我所认识的张执浩

我所认识的张执浩

不是一个小个子男人

而是一个大写的符号

在人群中间

他的黑框眼镜和褐色的胡须

那么耀眼

乡土的本色与高蹈的理想

都掩饰不了对人世间的悲悯喟叹

诗人的气质就是这样独特

黑色的闪电，锋芒乍现

旷野里隐逸的花环微晞

坐，如河流般沉默宽阔

立，就是一座山河静穆

2018.1.29

红月亮

今夜一只红色的眼睛

对着一条拉长的影子说话

隔着银色的冰河

和千年一瞬的时光

凹凸不平的十字街头

有谁会懂得一枚棋子的孤单

天空中圆黑的魅影

模糊了你我之间心灵的焦距

白雪覆盖的坑洞

填不满脆弱的万千沟壑

原谅我对着树梢轻声说话

不想惊扰了头顶上的那轮

残缺美丽的红月亮

2018.1.31

一个人失眠

在某个春日的子夜

全世界都无法体会

一个人对着拉长的影子说话的孤单

更无法从一杯咖啡的眩晕中自拔

流连在回不了家的路上

在心灵的迷宫守望

赶上了一场灵魂的摆渡搁浅

无法赴约的感伤

春天，貌似瘦了一圈

夜色，好不荒凉

2018.2.1

月湖的琴弦

月湖桥像一把斜纹的竖琴
横跨在汉水之上
月湖就成了它倒影的琴弦
每一道银鳞闪烁的波光
都是它弹奏的千古知音的绝唱
从《杏花》《春晓》到《白雪》《流觞》

月湖里有一对双生花
就在湖水蓝蓝的倒影中
对着我轻轻说话
微风飘摆着我的裙带
你轻轻撩起我柳丝的长发
金色的发丝里有梦寐的甜香
柔光笼罩着二月的早晨
也有了料峭妖媚的春光

在月湖旁吟诗作画
无论春夏
都有漫长绚烂的青春做伴

白鹭和鸣在湖岸边余韵绕梁

琴瑟间的光阴故事在回放

馈赠了多少唏嘘可见的欢颜

飞扬

月湖之光是我回忆里仅有的

收藏

2018.2.2

一片孤云

1. 一

夜气深寒
一声长叹
不知明日
在渺无人烟的尽头
是否会有那么一片光亮
归雁不再迷茫

2. 片

一片碎玉，如絮
棉花糖似的回忆如积云
笼罩在对秋光的思念中
乡间的小路红枫纷纷飘落
一路寻觅故园的光景旧梦

3. 孤

白雪覆盖的一座孤城
有着宁静端庄
淡远的发际线
群山连绵
不绝于耳的马蹄声
渐行渐远

4. 云

一片孤云
在天边无依无靠
在夜晚无风无雨
只寻求一颗孤星的庇护
躲避风暴的来临

2018.2.7

1982 年的 Enoterra

这是一支 1982 年的
Enoterra 霞多丽
它来自穆勒山谷
遥远的他乡
微醺的风在耳畔吹拂

它的口感有桃花灼灼的
芬芳和地中海
丰润的果香
经年累月的陈酿
在入口的瞬间
融化了一片
伤痕累累的心

疲惫不堪的倦容
在觥筹交错的灯盏下
愈发形单影只
回不去 1982 年的味道
浑然不觉
已是意兴阑珊

2017. 10. 2

手 艺

在寒天腊月里
喝到一碗热香的羹汤
需要的不是手艺
只为有深情做佐料
善良馥郁的心花
开遍冬雪的枝头

站在你的背后
看着锅勺飞铲熟练的动作
鼻息四周围绕着佳肴喷香
那算是一门不曾遗忘的手艺
因为有可口美味在舌尖滋养

远远相望
淡淡幽香
静静地听
浅浅地唱
一棵老树，不觉日暮

青心佛手在心头吐蕊滋长

那出神入化的绝技

是亟待复苏的一流手艺

2018. 2. 8

归 途

雪天让归家的路
变得有些漫长
后视镜里飞驰的风景
雪地里留下的长长车辙
都在告诉我们，新年快乐

慢热的人总是希望
乐，最好是慢悠悠的
不要太快游走
像人生中的甜味
久一点，再久一点
才觉察出与生俱来的苦涩中
原来也有甘甜

一只画笔如何描绘得出
遭遇过的辛酸苦辣？
一路漂泊身心无依的旅人
第一次如此虔诚地
前行在颠簸的归途

一具被挤压的疲惫不堪的
皮囊
嵌在人潮逼仄的缝隙里
沿途满是纵贯而入的
疾风凄雨

2018.2.9

除夕夜

太阳出来了

灿烂是属于花儿的

那样鲜妍耀眼的青春

值得纪念的片刻定格

卑微如我

一首情诗抵不上一个红包的

压岁钱

酒杯里晃荡的回忆如同催眠

酒桌上每一张红扑的笑脸

像一杯杯熟透了的陈酿

火塘里的炉火噼啪

干柴被消磨熔尽

荒野里半空的焰火

在暗黑的夜色中愈发耀眼

被岁月屈光后的眼

相视无言

如此漫长的除夕之夜

当所有即逝的日子倾巢而出

在远离尘嚣的路上飞行

有一个地方

只有诗人知道

2018. 2. 16

海上纪事

夜色阑珊
黄浦江畔的霓虹灯
映在五色斑斓的海面
更加光艳照人
一枚枚移动的光标
如在冰面滑出蓝色的星轨

灯影迷离的星空璀璨夺目
夜空下蜿蜒的小巷
飘浮着丝丝缕缕的烟火味道
海上的寒风
缩紧了岁月的轮廓
沧桑老皱的细纹
早已爬满了远去的背影
记不起当年叱咤风浪的模样

一转身
已是岁月染霜
在最好的年华

用一段如荼的青春

祭奠挥霍的时光

走过一条满载回忆的小街

推开一扇临街的窗牖

灯光依旧，人去楼空

在夜的上空

有繁星闪耀

斑斑点点的漩涡

投下许多的猫儿眼

像不老的传奇

一闪即逝

2018.2.18

抵 达

在纵横交织的日子里盘桓
前行，或后退都费思量
远行的路程依稀漫长
眼前的风景恍惚沉坠

雨季拉开了帷幕
春天的大门尚未叩开
一条鱼
在池塘边残喘，吐着气
挣脱不了闲言碎语的网
遗落的花蕊招蜂引蝶
纷纷振翅

冷眸飘落一地
浮云漫天遍野
我的世界雨雾相连
雨丝冲刷着我的心图
一会儿跌落谷底
一会儿飞跃险峰

雨中的世界没有月光

夜的沉默代替语言的混沌

人生的愿望

紧挨着的黑键与白键

惯性交替的日与夜

心灵交汇的对手戏

风中飘散的香气

有指温的缝隙间隔

下一站有没有风景

幸福的终点

如何抵达

2018. 2. 28

春雨敲窗

用几滴惊蛰的雨水
抒写心中淡淡的哀愁
一瓣心香
一段红烛
默默叹息的垂柳还未苏醒
几片花蕊
从红砖绿瓦的台阶上飘落

春水纯净如醴泉
沾染香气的湿漉漉的发丝
酣畅淋漓地随风飘摆
隔着朦胧闪烁的霓虹
春天的雨滴降落在一片
潮水涌动的夜晚

春雨嘀嗒嘀嗒
从天空忘情地扑向大地
像是寻找前世的归宿
每一滴空灵的雨花

不曾想过，每一次寻找

只不过成了时间的过客

叩不开紧闭的窗棂

雨丝升腾，刹那间

花丛中一长串蒙蒙的雾气

打湿了湖岸看风景的花伞

人来人往，无人倾听雨夜的思语

鸟雀的巢穴啾啾难栖

料峭的春寒

展不开奋飞的羽翅

2018. 3. 14

《春雨敲窗》诵读版

静安路上的紫玉兰

一起去春天里走走
所有的花朵都曾是冰冷的雪
春风似酒醉
不急于召唤还未苏醒的夏虫

紫红的玉兰花悄然盛放
在每一朵花苞里盛满酒
送给前来观赏的友人
让我们为春天一饮而尽

湖畔的绿柳摇曳着腰身
油菜花披上流苏的黄衣
水中的花影梳妆浅笑
饮醉了徜徉碧波的白鹅
回眸，已是春意阑珊

来往穿梭的车流一路风尘
被遗忘的静安路上
一株修长的紫玉兰

枝条零落

丰盈的花苞遗世而独立
像盏盏灯芯
红彤彤的烛焰
点燃了一颗颗
曾经年轻的心

　　　2018.3.24

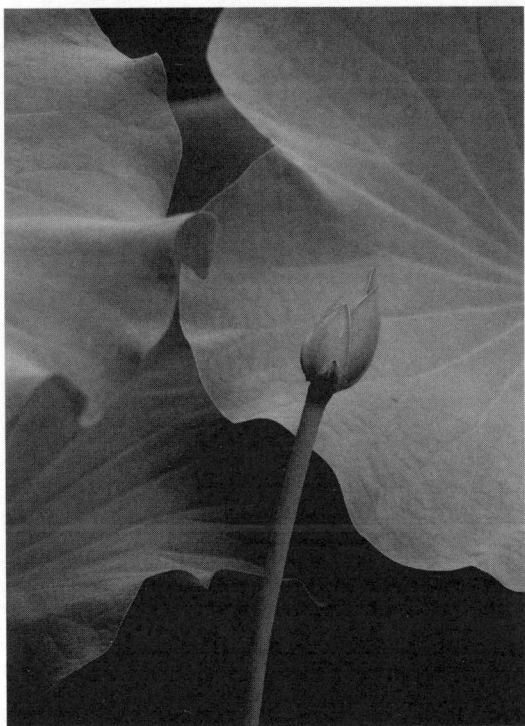

每天晚上最后一个见到
和早上第一个想起的人
都是你
这样别致的约会
胜过万语千言

一封写给春天的情书

一

每天晚上最后一个见到
和早上第一个想起的人
都是你，
这样别致的约会，
胜过万语千言！

二

当你的大手柔情蜜意地
搭在我的肩头，
这种久违的酥麻感，
从我的后脖颈延伸到了脚后跟。

三

你的车开足马力漫无目的地
在街上疾驰，

无意驶入了违禁区而不自知，
我忽略了这个明显的失误，
那是对岁月善意的温柔。

四

今夜的樱花全都开了，
三月的暖风吹了一整夜，
不知道有没有人收到
一封写给春天的情书！

2018.3.29

中年以后

中年以后
不再写轻浮的诗句
要稳重矜持一些
像一切德高望重的前辈
举止有贤良淑德的端庄

中年以后
不再参加可有可无的聚会
圈子不同
屈从改变不了人生的高度
和既定的格局

中年以后
对于青年、年轻一类的字眼
格外敏感
生怕被归到中年肚腩一群
装嫩的本质是对老的恐惧

中年以后

对美和自然之物

尤其钟爱

我们需要借助有生命的它们

感受到卑微的存在感

中年以后

没有什么可以阻挡

对自由之路的向往

幸福是平和安宁

也始于千里之行

2018. 4. 2

《中年以后》诵读版

清明，我们到西海去走走

清明踏青
我们到西海踏浪去
湛蓝的湖面
银光闪烁
圆溜溜的鹅卵石
填不满一个又一个
凹凸的回忆

西海的风
吹开了岸边柳絮的嫩芽
西海的浪
吹醒了银鱼翻滚的幻梦
掬一捧西海的绿波在手
泛起的春意在手心荡漾

远方隐约起伏的群山
述说着平静的思绪
路旁一棵棵泡桐树
包裹着粉红色的种子

在雨后清明随风飘散

不断播撒的生命
沿着河湾流经到彼岸
在风中在浪尖
生当同行
死即长眠

2018. 4. 7

《清明，我们到西海去走走》诵读版

蜕 变

是什么改变了岁月的容颜
是什么拉进了千山之外的足音
是什么张开无畏接纳的双翅
是什么让我们迈步向往远方

当阳光透过薄薄的蝉翼
投射到你窗前的书页
留下斑驳奇幻的疏影
我知道有一道梦魇的召唤
始终在我头顶之上
即使梦醒后也决不遗忘

沉睡的记忆有花影相绕
跋涉在云端有晴空观照
就像光与影从不分离
人生的转角在瞬间定格
心中的琴弦不再迷失

2018.4.13

遗 忘

很久很久以前
有个树洞
里面写满了
横七竖八的回忆
塞满茑萝的忧伤
老去的舌尖纠缠不清

模糊的面容
依稀的片段
构成了心图痉挛的弧线
植入在我们血脉中的记忆
不约而同地
掩埋着我们生命的根部
再轻狂的岁月
都会转瞬即逝

怀念像一棵疯长的树
顺着枝条发散开去
树冠之上，有天国的云朵

随风飘荡

留下的只有沉淀的种子

在泥泞不堪的脚下

凌乱的碎石

消磨着寂寞的初夏

酝酿出美丽透明的蝉衣

雾雨中几朵山茶花

次第绽放

2018.4.23

天　梯

是你
用两条纤瘦的手臂
扶我登上云梯
只为触摸云中的幻影
去往遥不可及的地方

随你
到天高云淡的异乡
那儿有薰衣草弥漫的幽香
诱惑每一个探险者欣然前往
耗费生命中轮回的时光

从天梯
看人世的繁华
一步一级，隔空相望
无所谓美，也无所谓奇
风景的差别因人而异
唯有纯情纵贯我心

天宇间
一粒珍珠似的雨滴颤抖着
顺沿云梯深陷的凹痕滑落
凝结成冰晶，一滴
一滴从半空中下坠

借你的手，带给我光明
眷恋大地上每一寸泥泞的足迹
不去那貌似丰饶的远方
抚摩你清癯颀长的背影
泛着莹莹的泪光

2018.5.18

我将拥有一个夜晚的自由

我将拥有
一个夜晚的自由
思忖人生简单的趣味
灯影绰绰的江流
寂静无声
任指针消磨在云河
漩涡的中央

我将拥有
一个夜晚的星空
用手指掸落星辉的尘埃
微凉的回忆
蘸着露水
将一颗一颗擦拭明亮
还原它们本来的样子

我将拥有
一整个夜晚的光阴

细数门前踩过苔藓的脚印

将如水的月光

和自由空荡的身影

轻轻交还到你的手心

2018.5.28

《我将拥有一个夜晚的自由》诵读版

父亲的车站

曾经，空寂的草场
四周回荡着青涩飞扬的哨音
没有伤感和迷惘
只有悸动的目光阵阵渴望

路过，远方的小站
肩头的行囊背着口琴和雨伞
单薄孤寂的月台
长长的轨道留下朦胧的剪影

回到，当年的夏天
漫山遍野的凤仙枝头争艳
热浪滚滚的人流涌动
蜿蜒流淌的碧波
依稀映见回望送行的画面

如今，荒僻的车站
两条冰冷的铁轨独自等待
载不动流转的光阴

在离别的背影中专注地行走

良久无言

2018.6.17

《父亲的车站》诵读版

随着涨潮的江流漫溯摇曳

渐渐把我们的言语吞没

两个人的列车

一列满载往事的绿皮火车
在黑色与白色的光束中
两条赤裸裸的身体
轰轰烈烈交替穿梭
驶向梦的远方

一路弥漫着八千里路的
风尘雨雾，恣肆涤荡
交织你心田的悲欢离合
怀揣着稀薄泥泞的梦境
隐退在暮色苍茫的黄昏

在雨中奔跑，在田垄间放歌
从车窗模糊的印痕中
闪现褪去的光阴
我明了你冷寂的相思里
暗藏了多少缠绵的怀抱

窗外，时间飞驰疾行

你眼里是一望千里的沃野

我仿佛听到了

教堂里传来阵阵的

粉红色的钟声

2018. 6. 22

对他说

想给你一样东西
当晚风吹拂江水的时候
所有屹立在江畔的高屋大厦
都倒在了水面上
包括你
直立的身影

我陪着你一路
沿着江堤逡巡
听大桥桥头跑火车的声音
巨大的轰鸣碾压横卧的枕木
一道一道轧过我彳亍难耐的心

淹没人头的芦苇
随着涨潮的江流漫溯摇曳
渐渐把我们的言语吞没
江潮起伏
我闻到潮汐湿润的味道
打湿了你嘴角的缝隙

江畔的野花开了一路

无人问津

一颗一颗的露珠晶莹剔透

在蓝色的夜幕下

点亮通向童话世界里的灯盏

江面温存而宽阔

我们并肩同行

看几只江鸥缓缓地飞去

2018.7.2

致亲爱的你

春风拂面
用最深情的目光
抚摸你俊朗的面庞
从额发到眉梢
从鼻翼到嘴角
优美起伏的弧线
像春天的峰峦
苍翠如黛

一道落日的光环
翻越命运逆转的山脊
在光束中自由飞舞的
粒粒尘埃
如放肆的精灵
尽情享受着
春日的阳光

同沐春光
拾秋获的芳香

温存的枝头

一对翠鸟的啼声绕梁

斜阳若影

亦步亦趋

有云外的苍柏梦回远方

天地间

我们会与万物共生相遇

却只与你并排行走

在暮年的光阴中

形影相对

看古寺的台阶上

又厚了一年苔藓

2018.2.14

《致亲爱的你》诵读版

今夜，我怀念消失的你

从明天起，去一趟大海
看一眼海的另一边有没有彼岸花
开遍曙光照耀的村落与原野

从明天起，登一座高山
望一望山的那一头有没有紫霞光
温暖蒲公英遗落的断谷山崖

从明天起，赴一段铁轨
探一探铁道线的尽头有没有
鸣笛穿梭的绿皮火车
消失在荒野中

从明天起，读一篇童话
送给身边每一个经过的旅人
谈一谈关于孤独与诗歌，有没有
童话中描写的堂吉诃德的长矛
与风车日复一日的纠缠

愿，你在困境中永远葆有仁爱之心

愿，你在平凡的世间依然向往光明

愿，你敢于做一只自由前行的飞鸟

行无人敢行的路

追遥不可及的梦

在飓风之后

睥睨天宇间最亮最亮的星

只是，今夜

我一无所有

只有空空的双手

似一个拾荒者

满是伤痕的指缝间

被生命搁浅的时光

已布满疼痛的青藤

2018.4.25

《今夜，我怀念消失的你》诵读版

幸福的人在写诗

——谈谈诗集《门》

钱　刚

　　翎子的诗是幸福的诗，读者轻轻一口，就能吮破词语的外皮，品尝到混杂着忧愁的蜜汁。读她的诗，如同聆听一根芦苇的抒情，在风中发出长叹。这些诗歌充满温柔呢喃，情感纯美温婉，一咏三叹，深情款款。她写花写月，写梦境写流泪，写纯美爱情和自由向往，跃动着鲜活的少女之心，容易激发读者共鸣，也体现了典型的女性诗歌特色：凸显修辞本身，意象柔美，辞藻繁复，追求整齐的句式和音律，外在节奏强烈，整体呈婉约之风。这种风格更多源于席慕蓉和舒婷等女诗人的写作传统，那些经典意象在新一代女诗人笔下获得传承，在文本生产中继续活跃。

　　翎子的写作在当下女诗人中具一定概括性，男女情爱是其作品的重要主题，诗歌主要表现单纯的情爱体验，享受型的两性关系，源于心底的一次次通畅抒情。这种态度和体验也扩散到她们写作的其他主题中，形成其作品的底色和基调。这部分女诗人怀着深深赞赏和满足来生活与写诗，对于指向美好之修辞的迷恋凸显了这种幸福感，也重塑其生活感受。她们的生活、诗歌和修辞紧密联合相互渗透，可称为幸福的人用幸福词句写幸福的诗。两性平等、家庭社会问题不再成为她们的关注重点，为一代人，为社会，为女性代言和抗争的冲动不复存在，与翟永明、陆忆敏和王小妮等人的诗歌传统分道扬镳。

当代诗歌总在高呼求新求异，导致了当代诗坛的集体焦虑症，以至于这种焦虑必须借助诗歌事件的频频爆发来减压和转移。在诗歌被强烈意识形态化的今天，当代诗坛成天想的是怎么保持先锋，怎么承担历史，疲于奔命，不堪其重。对于个体诗人而言，有自由选择的权力，这种写作没有野心，在文学史掀起惊涛骇浪的岸边闲庭信步，在诗坛全景图上汇成了一种重要的写作流向。

诗集中的《闲居岁月》跳出经典诗的意象与诱惑，写出独属翎子自己的印记，"501"这个意象是陷于具体时空的精确标记，这种精确徒有其表，它召唤的是读者的"精确具体感"，读者仿佛站在标有印记的窗口，却只能张望到一片空白，丝毫不能窥见"501"这个符号呈现的具体质地，它如此精确具体，又如此暧昧不明。由于这种"精确具体感"的体验，读者在无边无际的想象空间中竖立了绝无仅有的、精确到数字的地标，整个诗性想象空间变得独特而明晰。"501"生活是一场狭路相逢的小命运，悬浮于人间的记忆孔明灯：从501下楼／身心空荡／人间仿佛也成了尘外之客（《闲居岁月》）。

这部诗集不总是幸福满满，也有悲凉之诗，在集中格外引人注目：墓碑就在山脚下／不知被镌刻了多少的／名字／一块块石头／生生的疼……人，是时间的动物／突然想到身后的事／有没有人眷恋／未竟的日子／可被深埋在土里／应该感觉不到／人世炎凉（《今夜，我想起山村的风》）。这首诗歌有着时间和生命的创痛感，当她怀着悲悯心看待万物时，草木有情，石头含悲，避免了单薄的欢天喜地，单纯的温婉甜美，透析出生命的悲凉本质，作为一个读者，更容易被这首诗触动。

在《遗失的距离》中，她这样写道：我也只是一个路人／在很多陌生的眼里／抑或是心里／毫无分量的一粒／微尘／从夜空中滑落／孤寂的身影／像从来都没有／来过这个世界／一样。这种刻画孤寂的诗歌，写出内心的寂寞，也透出灵魂的轻盈。

翎子在一些诗歌中采取自然的呈现方式，让日常生活焕发诗意：逆着阳光的方向／从下往上仰望／像袋鼠妈妈胸前／一排排巨大的口袋／四下张望的小脑瓜／一层一层，顺势往上攀爬／触摸天边最近的一缕云霞／阳光下的棉絮／散发岁月的芬芳（《阳台》）。这类诗歌充满童真想象，没有过度迷恋修辞，用自然贴切的想象构造出充满人间烟火的生活场域。这种童真想象是翎子的长项，应该进一步发扬光大。

同样的还有《喀纳斯湖的冷水鱼》：我有一股想钻进湖心深处的／冲动／伸手摸一把冷水鱼的脊骨／是否真的没有鱼刺／这样想着／圈圈湖水已经漫过了身体／画布骤变了颜色。袒露一个成年人的内心冲动，并浸入想象画面，突出身体性，让人感同身受。

翎子善于在诗歌中全面调动感官，进行自由切换：有一双深邃的眼睛与我对视／如鼓槌敲响低沉的尾音／透彻我心灵的湖泊（《黄叶耽秋风》）。非常漂亮的通感表达，如同叠加的蒙太奇效果，一层层浸透深邃而开阔的心灵体验。

在《喀纳斯湖的冷水鱼》中的那种当下感，或者说现代进行时态在其他诗歌中经常被采用。她的很多诗歌仿佛不是体验回忆，而是面对面的倾诉，把回忆写成当下，让自我陷入更深的沉湎，也如同 3D 电影，让读者面对面地接招。

翎子的一些诗歌充满象征性，其中的意象既是现实的，也是虚拟的，后者是对现实的抽象提取。这类诗做的是减法，使得核心意象强烈凸显。比如《手》这首诗只取其手，删减其他的身体符号，如同面对手的雕塑全方位扫描。诗人首先抽离手的具体情景，加强抽象性，然后重新赋予情景，使其无所不包，向外衍生出丰富具体的象征意义。

翎子的诗歌语言是混杂式的，有白话文的词汇语法，也有文言文的辞藻意象，既有典雅的书面语，也有俗白的口语，这种混杂性为其诗歌语言的进一步圆融提供了必要尝试。《老吴》是集中少见的口语诗，充满了人与人之间的亲切感，融入了朋友交往中的经验，让情感透过经验表现出来，自然而深挚。里尔克说过："诗并不像一般人所说的是情感（情感人们早就很够了），——诗是经验。为了一首诗我们必须观看许多城市，观看人和物，我们必须认识动物，我们必须去感觉鸟怎样飞翔，知道小小的花朵在早晨开放时的姿态。我们必须能够回想。"翎子在这首诗中姿态放松，娓娓道来的聊天语境中将内心深处的经验充分呈现，给读者带来了丰富感受。

翎子的很多作品属于散文化诗歌，她虽有良好的控制力，但也要提防过度的散文化。散文和现代诗的关系向来暧昧不明，诗歌过度依赖修辞和音律，未让经验在韵律的复合共振中化为诗性，就可能流于散文的平面化与拖沓感。翎子如果在诗歌小路中继续前进，就需要对此有着充分警惕。

翎子在《我喜欢不自量力地与许多事物为敌》中写道：我是一个如此不合时宜的骚人／穷与达之间的轨迹直道横行／不在乎命运之轮天盘的圆满／只是将头顶白云青天的使命／默默铭记／／我喜欢不自量力地与许多事物为敌／在白云苍狗之隙／向往远方／风车转动的声音。虽然自喻为堂吉诃德，但这首诗属于乐观宣言，表现诗人骨子里的拗劲和精神强度。而彰显这种与世间事物为敌的勇气，会使其诗歌获得进一步的生长空间。

跋：诗的缘起

很多人都问过我同一个问题：你为什么会写诗？也有人这样请教我，你是如何写诗的？约瑟夫·布罗茨基说，"一个阅读诗歌的人，比不读诗的人更难以被战胜。"其实读诗或者写诗，并非是为了战无不胜，而是为了体验真正的生活是怎样的春暖花开，又空阔寂寥！我在自我诗意的世界里感受到了自然之眼，也洞察到世情百态，就像我的一首诗中写道：

在某个春日的子夜
全世界都无法体会
一个人对着拉长的影子说话的孤单
更无法从一杯咖啡的眩晕中自拔
流连在回不了家的路上
在心灵的迷宫守望
赶上一场灵魂摆渡搁浅

无法赴约的感伤

春天，貌似瘦了一圈

夜色，好不荒凉

（《一个人失眠》，2018.2.5）

瑞典诗人特朗斯特罗姆说过："诗歌是禅坐，不是为了催眠，而是为了唤醒！"确切地说，我是从2015年才拿起笔重新写诗的，因为那一年家里发生了一些变故，让我猛然意识到生命中最可贵的亲情、友情、爱情的无价难寻。于是我心中的诗情被唤醒了，自然而然地拿起了闲置多年的笔！在这一年半载，我的灵魂仿佛被点燃了，笔端的诗句源源不断地倾泻而出，我感觉找到了自己的另一半，找到了寻觅已久的灵魂！在写诗的过程中，我真正享受到了身心的愉悦，尤其是我在学会摄影之后，创办了"翎子的诗"的公众号，用影像和朗读来进一步诠释我诗中的意象，我感到从未有过的满足感！"翎子的诗"通过公众号的传播，结识了更多喜爱诗歌、志同道合的朋友们，这些意外的收获，让我在收获知音的同时，又再次获得了诗意的灵感。人生的幸福是多种多样的，能在追求梦想的同时，获得友谊与共鸣，怎能让我不感到庆幸呢？！

我在写作现代诗的同时，也在做推广传统文化的公益读书讲座。尤其在做古典诗词讲座时，对现代诗歌的韵律美有了新的领悟。我认为无论古典诗还是现代诗，都要遵循诗歌的意境美、形式美、音律美的规律。因此，对于诗歌的美感与格调的追求，一直都是我致力的写作方向。我的诗作也多以自然之美与性情之真为抒写对象，我希望我的诗作能表达我对自然、人生、社会的思考。一如我的诗作《我喜欢不自量力地与许多事物为敌》中写的那样，"我是一个如此不合时宜的骚人／在穷与达之间的轨迹直道横行"。诗，是温柔敦厚的诗情画意，也是自由恣肆的直抒胸臆！

这本诗集是对我近两年间诗作的总结，但愿没有辜负大家对翎子的厚爱和期望！未来，我将会写出更优秀的作品，我相信！

再次由衷地感谢我的恩师湖北大学文学院院长、评论家刘川鄂教授对这部诗集的大力支持，感谢著名诗歌评论家、武汉大学文学院荣光启教授为我倾情写序，也感谢川上老师、我的责编谈骁先生、青年评论家钱刚博士对这部诗集付出的辛勤汗水！同样，非常感谢著名摄影师袁明辉先生、邓江先生无私贡献出的摄影作品，为我的诗集增添光彩。也要感谢著名画家洪序光先生为翎子诗集的出版赞助了国画一幅。还有众多诗友们在幕后给予翎子的默默支持和帮助，翎子在此一并致以深深的感谢！

"昨夜西风凋碧树，独上高楼，望尽天涯路。欲寄彩笺兼尺素，山长水阔知何处？"古今中外对事业胸怀抱负的人，无不是历经艰难困苦，翎子在出诗集的过程中，同样并非一帆风顺，也感受到了种种辛苦挫折。但愿这本薄薄的诗集能承载着我对诗歌的梦想乘风远航，只要心中有梦，诗与远方其实都始于足下！

是为跋。

翎　子

2018.5.28

图书在版编目（ＣＩＰ）数据

翎子的诗·门/ 翎子著. -- 武汉 ：长江文艺出版
社， 2018.11
ISBN 978-7-5702-0686-5

Ⅰ. ①翎… Ⅱ. ①翎… Ⅲ. ①诗集－中国－当代
Ⅳ. ①I227

中国版本图书馆 CIP 数据核字(2018)第 253135 号

责任编辑：谈　骁　　　　　　　责任校对：陈　琪
封面设计：川　上　　　　　　　责任印制：邱　莉　　王光兴

出版：长江出版传媒　　长江文艺出版社

地址：武汉市雄楚大街 268 号　　　邮编：430070
发行：长江文艺出版社
电话：027—87679360
http://www.cjlap.com
印刷：武汉市首壹印务有限公司

开本：880 毫米×1230 毫米　　1/32　　印张：9.125　　插页：2 页
版次：2018 年 11 月第 1 版　　　2018 年 11 月第 1 次印刷
行数：4730 行

定价：39.00 元